心性 美徳 境遇

出土文献と初期儒家の新知見

王　中江　著
鈴木理史　訳

グローバル科学文化出版

目　次

まえがき……5

第1章　「身心合一」の「仁」と儒家の徳性倫理……12

——郭店竹簡の「⿱身心」の字及び儒家の仁愛思想の構成

一　「身心合一」の「仁」と「同情心」……14

二　「身体」と「事親」の「仁」……29

三　「推己及人」と「愛民」、「愛人」の仁……40

四　「万物一体」の「仁」と「推人及物」……49

第2章　『性自命出』の人性構図及び人道観……62

——「性」、「情」、「心」、「道」等概念の釈義

一　「有善有悪」の性と『性自命出』……64

二　「感情」としての「情」の形態……71

三　「心」の異なる面とその関係……88
四　「道」及び「礼」、「楽」……99

第3章　簡帛『五行』篇の「悳」概念……114

一　「悳」――「悳行」と心の育成……115
二　「悳」と「和」及び「楽」……129
三　「悳」と「天道」、「天」……143

第4章　『窮達以時』と孔門の境遇観、道徳自主論……151

一　『窮達以時』と伝承文献の記載の異同……152
二　『窮達以時』と孔門の「境遇観」……166
三　道徳「自主性」と「自己反省」……182

あとがき……193

まえがき

出土文献と早期儒家の美徳倫理学

歴史が絶えず再生を繰り返してきたように、思想史も歴史の一部分として絶えず刻まれてきた。このような結果が生まれてきたのには様々なきっかけが存在した。新たな方法の導入、観察視点の変更、異なった事実への注目、新文献の発見など、どれも思想史の著書に変化を与えたことは間違いない。その中でも新文献の発見は特に新しい発見をもたらした。二十世紀七十年代、特に九十年代以降、中国では大量の古代早期文献が相次いで発見され、改めてその時代の思想史を描き直すのに重要なきっかけとなった。本書はその研究の一部分であり、早期儒家研究の一部分でもある。

大量の出土文献の中には同時期の早期儒家思想と関係のあるものがあったという点に関しては肯定ができる。これらの文献こそが我々の知らなかった儒家に関する新たな物語を伝えてくれたのだ。これらの物語は大きく分けて二つの方面から説明することができる。一つの方面は、これらの出土文献が早期儒家の思想に関する文物を豊富にしてくれたという話だ。出土文献の埋葬年代で分けると、湖北荊門郭店楚簡（1993年出土）、上海博物館蔵戦国楚竹書（1994年収蔵）、清華大学蔵戦国竹簡（2008

年収蔵）などは戦国時期の埋葬品で、湖北江陵王家台秦簡（1993年出土）、湖北雲夢睡虎地秦簡（1975年出土）、岳麓書院蔵秦簡（2007年収蔵）などは秦国時期の埋葬品である。さらに甘粛武威漢簡（1959年出土）、山東臨沂銀雀山漢簡（1972年出土）、河北定州八角廓漢簡（1972年出土）、湖南長沙馬王堆漢墓帛書（1973年出土）、安徽阜陽双古堆漢簡（1977年出土）、北京大学蔵西漢竹書（2009年収蔵）などは西漢時期の埋葬品である。しかし出土した簡帛の墓葬年代はその文物の記された年代の下限を示しているだけで、実際に記された年代を示しているわけではない。さらに、簡帛写本の埋葬された年代に関しても同じことが言える。そしてこれらの出土した埋葬文献の中にはたくさんの早期儒家による著述があったのだ。

出土文献と伝世文献の関係から分けると、これらの出土文献の中には儒家に関する部分があり、一つは記載もなく流布もしていない、いわゆる「千古佚籍」というものが存在する。その中には定州簡本『儒家者言』（伝世の『家語』と非常に内容が類似している）、有馬王堆漢墓帛書の『徳聖』、『二三子問』、『衷』、『要』、『昭力』、『繆和』等、有郭店楚簡の『魯穆公問子思』、『窮達以時』、『唐虞之道』、『忠信之道』、『成之聞之』、『尊徳義』、『性自命出』（これは上博簡にも見られ、題は『性情論』）、『六徳』と『語叢』（一、二、三、四）等、上博簡の『孔子詩論』、『民之父母』（この内容は『礼記・孔子閑居』、『孔子家語・論礼』にも見られるが少し違う部分もある）、『子羔』、『魯邦大旱』、『従政』、『容成氏』、『仲弓』、『競建内之』、『季康子問于孔子』、『君子為礼』、『弟子問』、『内礼』、『相邦之道』、清華簡の『心是謂中』、『邦家之政』、『邦家処位』等、睡虎地秦簡の『為吏之道』（岳麓書院蔵秦簡にも同じ内容のものが見られる）などがある。もう一種類は史書に記載があるも流布していない佚籍である。代表的なものに王家台秦墓の残簡『帰蔵』、有馬王堆帛書『五行』（これも郭店簡にも見られるがはっきりとは言っていない）がある。

最後に、史書に記載があり、世に伝わっている様々な写本がある。主要なものに郭店簡本の『緇衣』（上博簡にも見られる）、銀雀山漢簡の『晏子』、定州八角廊漢簡の『論語』、上博簡の『周易』、有馬王堆帛書の『周易』と『系辞』、武威漢簡の『儀礼』などがある。

これらの儒家の簡帛文書から、早期の儒教の文献と思想は我々が思っているより多く、複雑であることがわかる。例えば郭店簡、上海簡は儒家の文書の量が多いだけではなく、大部分は未知である。帛書と竹簡『五行』から、儒家には『五行』篇が存在することだけでなく、『荀子』が「思孟」の「五行」が何かを批評していることがわかる。これまで何人かの学者が静けさに基づく論証による影響を深く受け、見ていないものは存在しないと唱えたが、明らかに真実ではない。郭店簡、上海簡の発見はこれらの方法の有効性を力強く否定した。その他にも今まで懐疑主義の視点を用いて多くの儒家の伝世文献やそれらに関する記載が懐疑され誤解が生じたのも少なくはない。例えば以前孔子と孔子の後学思想を含んだ『礼記』は漢代の作品とされていたが、早期の儒家の文献範囲を大きく縮小した。『漢書・芸文志』では『礼記』は「七十子后学者所記」（七十子の後学者の記す所なり）や「『記』百三十一篇、七十子后学者所記也」（『礼記』の百三十一篇は七十子の後学者の記す所なり）と記載されている。また武帝の時代、魯共王は孔子の住居から沢山の経書が発見し、その中に『礼記』もあった。郭店簡と上海簡などの先秦の古抄本によって似たような伝世の文献『緇衣』、『哀公問五義』、『内礼』などの編目や文章、更に孔門の佚書『五行』、『性自命出』、『窮達以時』、『唐虞之道』、『六徳』、『尊徳性』なども目に触れることができた。

大量の文献の出土は、初期儒学の文献世界に対する我々の見方のみならず、その思想世界に対する我々の認識をも変えた。この分野に関して我々は数多くの研究を行い、儒学の従来と異なる新たな側面を明らかにした。その中で筆者が強調したいのは、孔子以降の儒学が持つ複雑な系譜と多元的な思想だ。初期の儒学の発展においては、孔子から孟子を経て荀子に至るまでが、一筋の基本となる流れであった。『史記』儒林列伝は孟子と荀子について「咸夫子の業に遵ひてこれを潤色し、学を以て当世に顕る」と称し、孔子以降の儒家思想の発展における孟子と荀子の地位を認めた。だが孔子と孟子、および孟子と荀子の間では、初期儒学の変遷の複雑な系譜や細部は一貫して比較的曖昧であった。『韓非子』顕学の記載によると、孔子以降、儒学は「儒家八派」(すなわち子張、子思、顔氏、孟氏、漆雕氏、仲梁氏、孫氏、楽正氏ら)に分かれた。これら八つの流れの中で、孟子と荀子の二つの流れを除いた大部分は孔子の弟子か孫弟子であったが、それでもなお孔子以降の儒学の複雑性と多様性を十分に反映してはいなかった。『論語・先進』に記載されている孔門の四科の弟子のほとんどは儒分為八の系譜には登場せず、一般的に孔子の孝の思想を発展させた主要人物として知られている曽子も孔門の四科には登場しない。孔子の有名な弟子は七十人余り存在し、そのことを踏まえると孔子の後の学者たちがより複雑で多様な表現をするようになるのはごく自然なことである。郭店簡は全体的に思孟学派の本だと思っている人がいるがそれは考えにくい。郭店簡と上海簡の儒家の本は孔子の後の学者の誰が書いたのかいまだにはっきりとはわかっていないが、その内容は非常に幅広く、考え方にも大きな違いがあるため、複数人の手によって書かれたのは明らかであろう。これは孔子にはたくさんの弟子がいたという事実に合致し、これに関することは本書の所々で言及されている。

孔子とその弟子たちは、人間の道徳意識や内在的性質を熱心に探究し、道徳的主体性と自主性の重要性を指摘した。その上、人間性においても多様な解釈を提起した。「三代」より脈々と連なる宗教信仰と礼楽の偉大な伝統は、東周時代に至り、諸子学が興ったことで、中国古代早期思想において重要な転換期を迎えた。儒学は、諸子学の内の一つであり、「三代」の伝統、とりわけ西周の宗教と礼楽の伝統の継承に努めた。その一方、「三代」の伝統を変化、改良する中で、「人間」を中心とする人文主義と個人主義の新たな伝統に発展させた。「三代」の伝統を基に宗教を信じ、天が法をつくり、天の正義を以って、倫理や道徳を人間の言動の規範とするなど、人間は大いに受け身な存在であった。それとは別に、孔子と弟子達は、「人間」を倫理と道徳の主体とみなした。例えば、「人能く道を弘む、道人を弘むるに非ず」（『論語・衛霊公』）や、「我仁を欲すれば、斯ち仁に至る」（『論語・述而』）といった言葉は、人間が、その能力と独立した意思を以って、倫理的価値を追求できることを示している。多様な境遇のうちに自我を修練し、善なる自我を確立することで、良い社会生活をおくることができるのである。

しかし人間の道徳能力は後から発展したものなのか、そもそも備え付けられているものなのか。人の魂と本性にはどんな関係があるのか。これらは早期儒家が追い求めていた重要な問題であった。孔子の有名な著書ではこう説明している。「生まれた時は皆同じだが、その後の教育や環境によって大きく変化していく」（『論語・陽貨』）。出土文献によると、孔子の弟子たちは人間の道徳主体性問題を人間の本性や魂の問題と結びつけ、人間の道徳呼応位の内在性などの問題と結びつけた。『五行』、『魯穆公問子思』などからも見て取れるが、孔子の弟子たちは儒家礼の規範道徳学を内在する自己の心に関する道徳学に変えた。『五行』の「経」は明らかに「行」を「内」と「外」に分け、個人の「慎独」を強調した。そしてそのうちの「説」は「慎独」を人間がどのように精神の集中を保ち、一心不乱に自分の意思を守り抜くかという話に変化していった。人間の本性に対する検討は、郭店簡の『性自命出』(上博簡にも見られ、名前は『性情論』)が最も典型的なものである。この作品の作者は公孫尼子であるという説が最も濃厚で、『礼記・楽記』は公孫尼子の作品であるとされている。『楽記』と『性自命出』を比較すると、両者は「性」と「情」の言い方の面で確かに類似性がある。王充の『論衡・本性』の記載によると、世碩、宓子賎、漆彫開、公孫尼子などは人間の気質について討論したことがあり、彼らの基本的な観点は人間は善の性質も悪の性質も持っているという「人性二元論」というものであった。孔子の死後、人間の気質に関する問題は弟子たちにも注目された。このようにして荀子と孟子の人間性論は新たな出発点を得たのであった。

　本書の第1章は主に郭店竹簡の「身から心から」という意味の「𢙐」（仁）の字を出発点に、儒家の心身合一及び儒家の仁愛構成について検討し、「人と二」から成る仁の思想から儒家の仁愛に関する考え方を研究する。第2章は主に『性自命出』の「性」と「情」、「心」と「道」など幾つかの概念の意味について検討し、その中の疑問点や難点に関して解決方法を検討していく。第3章は主に簡帛の『五行』

編中の「悳」(「徳」)の概念で構成され、その意味や特性を探っていく。第4章は主に『窮達以時』を中心に孔門の境遇観と道徳自主論を探求し、伝世文物の異なった記載の比較を通して儒家の災いに対する複雑な反応と解釈について、また孔子の道徳における強い意志や自由、自立の立場について強調する。

全体的に、出土文献は早期儒家に多方面で大きな変化をもたらした。我々は気楽に過去の早期儒家に対して固定的な印象を持ってはいけない。このような変化に対応しなくてはならないのだ。出土した文献を十分に利用して、開放的に早期儒家の伝統と向き合い、「可約性」のある早期儒家の新たなイメージを見出さなくてはならない。

第1章　「身心合一」の「仁」と儒家の徳性倫理

——郭店竹簡の「𢙇」の字及び儒家の仁愛思想の構成

儒家の「仁」とは、一般的には人と人との関係において生じる感情と倫理道徳価値を指す。しかし、「仁」が一つの言語記号として最初に創られた原型はどのようなものなのか。新たに出土した竹簡資料によりそれに関する従来の解釈や説明は自明ではなくなった。これを基に「仁」を一つの概念と捉え再考してみたい。それらの構成にどのような関連性があるかどうかは我々が探究していかねばならない問題なのである。儒家の仁愛思想に関する研究において比較的注目を集める問題として、「仁」の文字の起源、つまりその文字の最初の形状とその意味がある。しかし、この問題の複雑なところは、甲骨文字の中に「仁」という字があるのかどうかに対しても二つの反する見解があることである。一つは甲骨文字の中に「仁」という字はなく、甲骨文字の著作や辞書、官製字書にも「仁」という文字は収録されていないという意見である。[1] これと異なり、もう一つは甲骨文字に「仁」という字はあり、解読したその

1　郭沫若主編『甲骨文合集』（北京・中華書局、１９７８—１９８３年版）、胡厚宣主編『甲骨文合集釈文』（北京・中国社会科学出版社、１９９９年版）、姚孝遂等主編『殷墟甲骨刻辞類纂』（北京・中華書局、１９８９年版）、徐中舒主編『甲

字を関連する著作に収録させているという意見である。[1]『説文』に収録されている「仁」とその解釈は、我々が「仁」の構成と意味の由来を探る出発点であり、伝統的且つ現在においても継続して影響力を持つ方法として、許慎の説を継承しそれを派生及び発展させる方法がある。[2] しかしこの方法に対しても懐疑的さらには否定的な意見が出てきた。[3] 肝心なのは「従身従心」の「仁」、即ち戦国璽印文字の「𢖶」の発見と解読により、[4]「仁」の文字の新しい構成を知り、その意味を新たに理解し直すための有力な証拠となったことだ。郭店竹簡の中にある全ての「仁」の文字（七十数か所）は「𢖶」と書かれており、古代の「𢖶」の文字の存在を証明しただけでなく、儒家の「仁愛」観念に関する新たな文献を提供し、

骨文字典』（成都・四川字書出版社、1989年版）などには収録されていない。

1　孫海波主編『甲骨文編』（北京・中華書局、1965年版）、馬如森『殷墟甲骨文引論』（瀋陽・東北師範大学出版社、1993年版）などに収録されている。呉浩坤、潘悠『中国甲骨学史』は『甲骨文編』から五百字を常用字として選出しており、その中に「仁」の字が選ばれている。（参考『中国甲骨学史』、上海・上海人民出版社、1985年版、107ページ）甲骨文字に「仁」の字があり、「従人従二」の構成の「仁」を直接の源としていたとしても、これは「仁」の字が変遷した分義を説明しているだけであり、依然として「身心の仁」より仁愛思想の発生と構造を討論することができる。

2　廖名春『「仁」字探原』（『中国学術』第八集、北京・商務印刷館、2001年版）、もこの問題に対し整理を行っている。

3　劉翔は主にこのような考えを持っている。彼の『中国伝統価値観詮釈学』、上海・上海三聯書店、1996年版、157―161ページ参照。

4　羅福頤編『古璽文編』、北京・文物出版社、1981年版参考。

「仁」の研究に新たな道筋と活力をもたらしてくれた。「身心の仁」を取り巻く主な討論は、その文字の構成と『説文』の「従千従心」の「仁」及び「従人従二」の「仁」の関係と意味であるが、未だ信服できるものはない。本論文では過去の研究を基に、重要な角度から「身心の仁」に含まれる意味及び儒家の「仁」の意味と脈絡との関係を観察し、自我と自身の感覚と関心、そしてそこから表われる他人への「同情心」、「哀れみ」、「慈愛」が儒家の「身心の仁」の基本的原理であり、「仁愛」思想を全面的に理解する有効な道筋だということを証明したいと思う。

一　「身心合一」の「仁」と「同情心」

「従身従心」の「仁」の構成が初めに見られるのは戦国璽印文字であり、「忠」と合わせて使われている。郭沫若は曾て文字が「仁」の異形文字であると解釈し、「千心」の「忎」の構成と字例が同じであると推測したが、[1]羅福頤が編纂した『古璽文編』は収録している「𢖽」の字を「信」と解釈している。郭沫若の解読を基に劉翔は「𢖽」を「仁」字の初期の構成とし、「従千従心」の「仁」を、「従身従心」の「仁」

1　郭沫若は「古代、〝𢖽〟の字は仁の字の異体であった。仁は古代では或いは忎としていた、従心千声。〝𢖽〟は従心身声であり、字例が似ていることから相互証明することができる」と言っている。郭沫若『金文叢考』（第2冊）、北京・人民出版社、1954年版、216ページ。

から変化した文字であるという主張をした。その理由は「身」と「千」は形状が近く、古音ではどちらも真部に属するからでる。劉翔はさらに「仁」の文字は「従身従心」の「𢖻」からの変化（「心」を省略。「身」は「仁」と文字構成が非常に近い）であるとし、これを基に「仁」の意味に対し、許慎や段玉裁ら伝統的な解釈とはまるで異なる新説を打ち出したのである。郭店竹簡の中に多く出現する「従身従心」の「仁」が郭沫若と劉翔の先見の明を表明した。近年の研究は郭店竹簡の「𢖻」を基にしており、「忎」は「𢖻」の変形であり、「𢖻」は会意兼形声文字であるとする。しかしこの二つの文字と現在使われている「仁」の文字の関係に対しての見解は大きく異なる。「従身従心」の「𢖻」と「従人従二」の「仁」の文字が南北の異なる地域の変遷の手掛かりを表してしると考える学者がいるのであれば、[1]それは「従身従心」の「𢖻」と「従千従心」の「忎」、「従人従二」の「仁」における派生関係を否定している。また原則上それらの関連を肯定しているが、「従身従心」の「𢖻」は「仁」の初期の構成であると考えず、その構成よりも早い「従人従心」の「忈」（即ち「伈」）を提案する学者もいる。「人」と「身」は書換字であるから「従人従心」の「𢖻」は「従身従心」の「忈」と書き、それがさらに「従千従心」の「忎」へと変形したと考える。例えば「従人従二」の仁は「従人従心」の「忈」（或いは伈）が変遷した文字であるなど。[2]「仁」の最初の構成が「従身従心」の「𢖻」であるか否か、その他の異なる仁の文字との

1　白奚「〝仁〟字古文考辨」『中国哲学史』、２０００年第3期、98ページ。
2　廖名春「〝仁〟字探源」『中国学術』第8集、北京・商務印書館、１９８１年版、１２３ページ。

派生関係の研究はいかがか等、本文の論ずるところではない。「従身従心」の「𢙀」の本当の意味は何か。及び儒家の「仁愛」思想はこれにより一貫した理解を得ることができるかどうかが本論文の関心するところである。

「仁」の構成であり会意兼形声文字である「従身従心」の「𢙀」は一体どのような意味を持つのか、異なる解釈がある。ある解釈では「従身従心」の「𢙀」は他人を想い、人の生命を惜しみ、他人に関心を持つことであるとする。またある解釈では、「従身従心」の「𢙀」は自己の身体への愛であり、自己を想い、自己への思考のことであるとし、これは他人への愛と関心ではないとする。[1] これらの異なる解釈は単純にどちらかが間違いでどちらかが正しいと判断するのは妥当ではない。最初の解釈は、「𢙀」は他人へ向いている。「𢙀」を直接的に「他人への愛」であると見做し、「身」を理解せずして「人」に還元することはできない。二つ目の解釈では「𢙀」は自己に向いており、「𢙀」を直接的に自己と自己の身体への愛と関心であると見做すが、如何にして自己への愛から他人への愛へと拡げるのかを適切

1　各人の「𢙀」に対する解釈は、劉翔『中国伝統価値観詮釈学』（上海・上海三聯書店、1996年版、159—160ページ）、白奚「〝仁〟字古文考辨」（『中国哲学史』第3期、2000年8月、96—98ページ）、龐朴「〝仁〟字臆断——出土文献から見る古文の仁と仁愛思想」（『尋根』第1期、2001年2月、4—8ページ）、廖名春「〝仁〟字探源」（『中国学術』第8集、北京・商務印書館、2001年版、123—139ページ）、梁涛「郭店竹簡「𢙀」字と孔子の仁学」（『哲学研究』第5期、2005年5月、46—56ページ）参考。

に理解することはできない。他人への愛や関心と自己への愛や関心という二つの愛がそれぞれ関連し一つになるのであれば、または自分を愛することと他人を愛するという一見相反する愛が共存するのであれば、それらは如何にして関連し結合するのかを理解しなければならない。

「身」をどう理解するかが問題の鍵となる。「身」の本義は躯体、形体、つまり身体であり、[1] その延長として「己」や「我」がある。[2]「身心」を相対するものとして呼ぶとき「身」は人の肉体や形体を強調するが、「己」や「我」は「身心」を含んだ完全な「自己」、「自我」を指す。春秋戦国時代の子学文献、特に儒家文献にて使われている「身」を例にとると、主に二つの意味で使用されている。一つ目は身心を統一した「自分」、「自己」そして「自我」である。「修身」、「正其身」、「修己」、「克己」や「成己」などは全てこの意味で使われている。[3] その他、『老子』、『論語』、『礼記』や『孟子』などの書籍でも「身」を「生」の意味として理解できる部分がある。「終身」がそうであり、これは即ち「終生」なのである。例えば、「没身不殆」（十六章）、「終身不勤」（五十二章）、「子路終身誦之」（『論語・子罕』）、「君子有終

1　『説文』は「身」を「躳」と解釈し（躳之本字）、「躳」は「身」である。段玉裁が「従呂」と注釈したのは、身は「呂」を柱とするからである。躬は身体を曲げた様子（弯曲、屈伸）の会意である。『釈名・釈形体』曰く「身」とは伸、即ち身体は屈伸できる。『礼記・祭義』は「身」を解釈して曰く「身也者、父母之遺体也」。

2　『爾雅・釈詁下』曰く「身、我也」。人と注釈しているが、また曰く「朕、余、躬、身也」。

3　『老子』第七章の「是以聖人後其身而身先、外其身而身存」、『論語・学而』の「事君、能致其身」、『孟子・尽心上』の「夭寿不弐、修身以俟之、所以立命也」。

身之憂、無一朝之患也」（『礼記・檀弓上』）、「苟為不畜、終身不得、苟不志於仁、終身憂辱」（『孟子・離婁上』）、「大孝終身慕父母」（『孟子・万章上』）などである。これらが意味する通り、心と相対する「身」であろうが「身心合一」の身であろうが、また或いは自身の「一生」という意味の身であろうが、「身」は「自己の」を指し、安易に「人」と理解してはならない。「仁」の根本的な意味は人を愛する、特に他人を愛するということであるから、統一のために劉翔氏及び白奚氏は「従身」の「身」を直接自己と同類の「人」や「他人」とし、[1]「仁」の「愛人」意識と主旨を明瞭にしている。しかし、自己の「身」を、「人」や「他人」と理解するのは不適切であり、少なくとも非常に強引であると言える。その人自身の身体、形体、躯体、或いは人としての「一生」の「身」は当然その人に属するから、その人の身体、形体、躯体と言うことができるが、「身」即ち「人」とは言うことはできない。自己の「身」はつまり「他人」

1　劉翔曰く「この構形の語義は心の中で人の身体を思っている。（身は人と義類が同属であり、古音ではどちらも真部に属す）。仁字の造文語義は、愛字の造文語義と同源であることが分かる。仁字と愛字は意味が近い。まさに孔子の曰く〝中心憯怛、愛人之仁〟、〝愛人〟を仁と為す」（劉翔『中国伝統価値観詮釈学』、上海・上海三聯書店、1996年版、159ページ）白奚も似たような意味のことを言っている「𢗚〟、〝忎〟の構成は従身従心、従〝心〟はその字が思考或いは感情と関係していることを表し、従〝身〟はこの思考活動の対象が人の身体であることを表す。つまり人自体を思考対象としているのである。人を思考対象として生まれた感情、つまり人と人との間にある感情が〝仁〟と同じような意識なのである。心の中で人を思い（広義的抽象的な人）、他人を思いやることが、〝愛人〟や〝同属意識〟の本義なのである」（白奚「〝仁〟字古文考辨」『中国哲学史』、2000年第3期、137―138ページ）

であるとは更に言うことが出来ない。人身は当然自己、自分の「身」を含むが、自己や自分の「身」は「人身」とも区別される。「仁」を愛とするならば、主に他人への愛、つまり自己以外の他人への愛を指すのであり、ならばその中には他人と自分、自分と他人という関係がある。このような関係において「仁」と「愛人」を理解すれば、発する側と受ける側、受ける側と発する側の対応性ができる。「身」と「人」や他人における区別により、寥名春は劉翔に対し適切な疑問を提出した。[1] しかし「𢚩」の字の「愛人」という意味を探るために、自己完結的に「仁」の「愛人」を理解し、寥名春は独自に「従人従心」の「忈」を提出したのである。その細心さは評価できるが余分であるともいえる。

もし「従身従心」の「身」を個人の「身体」、「形体」、「躯体」と理解し、「人」として理解しないならば、ごく自然に、会意文字としての「𢚩」は心の中に自己の「身体」を想い、自己の身体の痛痒に関心を持つこととなる。もし「身」をさらに総体としての「自己」や「自我」と理解するならば、「𢚩」は心

1 廖名春曰く「〝身〟と〝人〟は通用できるが重要な違いがある。〝人〟の基本的な意味は一般的な人であり、〝身〟の基本的意味は人或いは動物の躯体である。〝人〟と〝身〟を挙げる時〝人〟は他人を指し、〝身〟は自身を指す。…〝𢚩〟（〝仁〟）の本義が自分の身だけを思うとすることはできない。自分の身だけ思うことは"人の身体を思う"と言うことしかできない。しかし〝仁〟が〝仁〟であるのは、人の身体だけを想い、他の面を思わなくても良いのだろうか。これでは仁者は医者ではなかそうか？よって〝人の身体だけを思う〟と言うのは偏屈であると言わざるを得ない」（廖名春「〝仁〟字探源」『中国学術』第8集、北京・商務印書館、1981年版、137―138ページ）

の中に自己を想い、自己に関心を持つこととなる。自己の身体であろうが、または自己そのものであろうが、これらは「仁」の「愛人」という意味に背いている、或いは「愛人」と相いれないようであるが、そのように捉えてはいけない。実際は、自己の身体の痛痒に対する関心、自己に対する愛、或いは自己保護、自己愛護の感情や体感は、人を愛することへの妨げにならないだけでなく、反対に、人を愛することの条件と可能性なのである。仮に一人の人が自己の身体に対し痛痒を感じず、自身に対する関心も考慮もなく、更にいうなれば感情や情緒を感知する能力が欠如していれば、「人を愛する」という心を持ち、他人を愛することはできないであろう。[1] 生来他人を愛することしか知らず、自己を愛し自己を惜しむことを知らない場合は別である。[2] 顔回は「仁者愛自」と言い、孔子はこれを称賛した。まさに「仁」の本質はまず「自らを愛する」ことであり、それより「推己及人」が可能なことを証明できる会話である。『孔子家語・三恕』に以下のような記載がある。

「子路入、子曰。由！知者若何？仁者若何？子路対曰。知者使人知己、仁者使人愛己。子曰。可謂士矣。

1　麻木不仁とは、まず自己の身体と身心が無感覚になる状態から現れる状況である。現代医学の麻酔は、人工的に自分の身体の苦痛を失わせるのである。

2　さらには人には自分を犠牲にして他人を守る、まさに孔子の言う「殺身成仁」の情況があるが、これは「仁愛」の常態ではなく、一種の超常的「愛」の表現である。

子貢入、子曰。賜！知者若何？仁者若何？子貢対曰。知者知人、仁者愛人。子曰。可謂士君子矣。顔淵入、子曰。回！知者若何？仁者若何？顔淵対曰。知者自知、仁者自愛。子曰。可謂明君子矣」[1]

人は如何にして自らを愛す感情と体験の中から人を愛す気持ちを生じさせるのだろうか？これが「同情心」がもたらす作用なのである。「同情」は当然他人への「同情」である。「同情心」とは他人の境遇や状況（主に他人の不幸な苦しみ或いは幸運な楽しさ）に対し自己の心と感情に生じる感応や共鳴である。一般的に、人と人との同情感応や共鳴は、他人の身から自分の身へ移り伝わるものであり、他人の置かれている境遇での感情を想像し生まれる感情であり、他人の身になり他人の感情へ対する同感である。[2]こうして見ると、人と人との間に同情心が生じるには二つの条件が必要となる。一つは他人に不幸

1　ヴォルテールの之はこれに対し「自愛心がなければ社会は形成されず継続して存在することもできない。情欲がなければ子供は生まれない。食欲がなければものを食べたくもない、など。人の自分に対する愛情が他人への愛を助長するのである。我々の相互需要により我々は人類に貢献できるのである」（ヴォルテール『哲学通信』、高達観他訳、上海・上海人民出版社、1961年版、126ページ）

2　アダム・スミスの解説のように「例えある人に対し自分勝手であると思っても、その人の中にははっきりとそのような性が存在しているのであり、その性により彼は他人の命運に関心を持ち、他人の幸福を自分の事とすることができる。例え他人の幸福を見て喜ぶ以外何も得られなくてもである。この性が思いやり或いは同情であり、他人の不幸を見た時、或いは想像した時に生じる感情である。……人は他人の感情に対し直接的経験がないため、親身になって想像すること以

もしくは幸運が起きる。もう一つは親身に想像することで他人の状態に対し生じる反応である。しかし、このような同情に対する理解は、同情心が何故生じるのかという内在条件を無視している。我々は何故他人の感情を想像することができるのか。何故他人の身になり他人と哀歓を共にすることが出来るのか?それは自己が自己の感情に対する体験と感受のためであると言うことができる。幼いころからの自身の痛痒や安逸に対する経験や不幸に対する苦痛感、幸運に対する喜悦感。これらはみな人生の中で常に経験し体感する感情である。人が先天的に持っていると言われる喜怒哀楽愛悪惧は、実際は人が後天的な生活において自己保存願望に合っているかどうかで表現される。つまりそれら感情は後天的な生活における感情と体験の結果なのである。まさに人は意に合うか否かという自愛感情と願望を持ち、その自己体験と感覚を持っているからこそ、他人の好悪など異なる状況を見た際に情を移すことができ、人の身になり他人の感情を想像することができるのである。「仁愛」、「仁慈」の源は「同情心」であり、「同情心」は人の自己の身心に対する自愛の願望と体験を条件とするのである。

儒家の仁愛思想における「同情心」の最も典型的な例えは孟子の「惻隠の心」である。孟子が想像した場面は非常に適切に人の同情心を説明している。ある人が不意に無知な子供が深い井戸に落ちそうになっているのを見かけたとすると、その人の心には「怵惕惻隠の心」が生まれる。「怵惕惻隠の心」と

外に他人の感情を知ることはできない」(アダム・スミス『道徳情操論』、蒋自強他訳、北京・商務印書館、1997年版、5ページ)

は、恐れ危ぶみそして痛む同情心である。朱熹の注釈によると「惻是傷之切」、「隠是痛之深」である。孟子によると「惻隠の心」はまた「不忍人之心」である。それは人の内心に他人の不幸を我慢できない心があり、強烈な関心と愛の感情が自発的に生まれることである。「自発的」に発生し功利的な考えを一切持たない純真な感情なのである。孟子は惻隠の心を「仁の端」とした。趙岐は「端」を「首」と注し、朱熹は「緒」と注した。「首」、「緒」は「発端」、「始まり」或いは「萌芽」を指す。仁愛は同情心を発端とすることを孔子は既に意識していたのである。例えば『礼記・表記』に「子言之、仁有数、義有長短小大。中心惨怛、愛人之仁也。率法強之、資仁者也」とある。「中心惨怛、愛人之仁也」とは内心より発する、他人を憂い悲しみ痛悼する同情心であり、人を愛する仁である。孔頴達はこれを天性の仁としている。『中庸』に「仁者、人也」とある。朱熹『四書章句』の解釈によると「人、指人身而言。具此生理、自然便有惻怛慈愛之意」。仁愛の行為は必ずしも同情心を発端とするのではない。「率法而行、資人者也」とは法則を遵守し、仁道に従い、仁を実践することである。仁を実践する動機はそれぞれ異なり、同じ仁の効果から仁の動機を探ることはできないことをはっきりと指摘している。孔子が推重する仁は功利的、私的な考えを持たない内心から発する、人を愛する仁である。[1] 郭店竹簡『唐虞之道』には、

---

1 孔子はこのように言っている。「子曰。無欲而好仁者、無畏而悪不仁者、天下一人而矣。……子曰。仁有三、与仁同功而異情。与仁同功、其仁未可知也。与仁同過、然後其仁可知也。仁者安仁、知者利仁、畏罪者強仁。仁者右也、道者左也。仁者人也、道者義也」(『礼記・表記』)

「尭舜は天下の為に福利を謀り自らに利せず」と書かれており、これは仁の最高の境地である。「尭舜之王、利天下而弗利也。……利天下而弗利也、⿱身心之至也」。同じような言葉が『忠信之道』にも登場する。「極⿱身心之至、利天下而弗利也」。『性自命出』は性と情を密接に関連付け、人の真実的感情の表現と流露を推奨している。曰く「凡人情為可悦也、苟以其情、雖過不悪。不以其情、雖難不貴。苟有其情、雖未之為、斯人信之矣」。儒家は内心の真の感情から発する仁愛を賛美し、これは人の同情心と怜憫を発端とすると考えてよいだろう。韓非子は「仁」をこう解釈している。

「仁者、謂其中心欣然愛人也。其喜人之有福、而悪人之有禍也。生心之所不能已也、非求其報也。故曰。上仁為之而無以為也」

儒家の言う自発的な同情の仁愛と、韓非子が理解する老子の「上仁」は類似している。『韓詩外伝』四巻にはこうある。『傳』曰、愛由情出、謂之仁」。『傳』とは儒家の経典であろう。

現在の問題は、儒家が言う自発的同情心の根源である。孔子は内心から発する同情が仁愛であることを肯定したが、その根源を説明していない。孟子ははっきりと「惻隠の心」は人の固有の感情だと断定している（人が外部から授かったものではない）。[1] 孟子の「性善論」（さらには「才性論」や「心性論」）

1　孟子は迷わずこう言った。「乃若其情、則可以為善矣、乃所謂善也。若夫為不善、非才之罪也。惻隠之心、人皆有之

と合せて考えると、「惻隠の心」とはその人自身に内在する先天的自然本性（孟子が言う「良知」、「良能」）、或いは人が潜在的に有する一種の才質と言えるであろう。孟子の言う同情心を人の善良な自然本能だとし、人は他人に対する同情心を生来にして備えているとすると、それと人が生来有している「自己生存」本能とこれに伴う自愛や自己防衛を比べると、些か微弱に感じる。孟子が提唱した「求其放心」的「尽心論」と操持的存心修養論は、人が元々持っている「同情心」は簡単に失われてしまうことを表している。反対に、人の生を求める意志と自愛衝動は非常に強烈で、意識的に引き出し、培わずとも堅く保つことができるのである。特に上述したように、現実生活において人が同情心を表すことができるのは、自身の痛痒に対し親密な感情と体験があることに依拠している。他人に対する「同情心」は強烈な自己愛的自発衝動が自然に引き起こしたのもであり、自己意識の延長と拡張なのである。害を避け利を求める願望が自分にあるならば、「同類」である他人にも自分と同じ願望がきっとある。このような考えが他人の不幸や幸運に対し自然な嘘偽りのない同情反応をさせるのであろう。徐復観はこの関連性に気付き、「自己に対する責任感は他人への責任感を表し、他人の痛痒休戚は同時に自己の痛痒休戚である。よって他人に対する責任感から来る他人への愛は、自己に対する責任感から来る無限の向上心と交わり一つ

……仁義礼智、非由外鑠我也、我固有之也、弗思耳矣。故曰。則得之、舎則失之或相倍蓰而無算者、不能尽其才者也。『詩』曰。天生蒸民、有物有則。民之秉彝、好是懿徳。孔子曰。為此詩者、其知道乎！故有物有則。民之秉彝也、故好是懿徳」（『孟子・告子上』）

になるのである。このような反省過程を経て生まれる〝人への愛〟は、人の生命において自己の要求を認めないことから出ているのである。これが『論語』の〝仁者愛人〟の真義なのである」と言う。[1] 自己愛に依拠する人に対する同情心は、内心から発する偽りがない自然感情であり、「反省過程」がなくともそれは現れ出る。しかしこの同情心即ち仁愛の心を行動及び実践に転化するには、ある種の反省過程と意志に従うこととなる。「しなければならない」からと言って決して「行動」に至るとは限らないからである。その行動が自身の安全を脅かす状況ならばなお更の事である。人を愛する為に生命の危険を冒し自己を犠牲にする、このような仁愛行動が特に崇高であるのは、自己に対する愛を全て他人に捧げたからであり、自己愛から仁愛の最高形態に転化させたからである。郭店竹簡『唐虞之道』にあるように「利天下而弗利」は「至仁」であり「至仁之極」なのである。

古語の「親」と「体」の用法と意味は、同情心が自己愛或いは自己愛の自然延長に依拠していることに対し重要な根拠を示した。「親」と「身」は「愛」と密接な関係がある。『爾雅・釈言二』が「身」を「親」と解釈しているのも道理に適っている（身、親也）。自己の「身」に対する「親」と「愛」は、ごく自然に他人の身にも移るのである。「親身」とは「自己」、「自身」の直接的な投入と感受を意味している。自己の直接的な投入と感受によってのみ、他人の投入と感受を理解することができる。自己の「自身」に対する「親」と「愛」を通してのみ、他人の自己愛を理解でき、他人の喜怒哀楽に同情と「親愛」

1 徐復観「釈〈論語〉的〝仁〟——孔子新論」『中国思想史論集続篇』、上海・上海書店出版社、２００４年版、２３７ページ。

を表すことができるのである。「体」の字は「身」であり、「身体」とは身或いは体である。これにより動詞的な「体」、つまり「体認」、「体験」、「体得」の「体」があるのである。「身体力行（みずから体験し努力実践する）」の「身体」は直訳すると自身を実際の状況に置くことであり、現在の零距離或いは無距離の「接触」より更に親密である。動詞的な「体」はみな自己の「自身」に対する直接的感受と体験であり、自身の直接的な経験と体験を構成する。自身の「体験」と「体認」を基に真理に到達するとこそが中国哲学の特性の一つであることは誰もが認めることである。『左傳・襄公九年』に、反乱を起こした襄公の祖母穆姜が、史者を尋ねその言葉を聞いた後に「自責」の言葉を口にしたという記載がある。

「是於『周易』曰。随、元、亨、利、貞、無咎。元、体之長也。亨、嘉之会也。利、義之和也。貞、豆幹也。体仁足以長人、嘉徳足以合礼、利物足以和義、貞固足以幹事」

『易・乾・文言』はこの部分を少し変え引用している。[1] 我々が関心を向けるのはその内の「君子体仁、足以長人」の「体仁」である。『墨子・経上』に「仁」に対して定義付けている部分がある。「仁、体愛

1　『易・乾・文言』はこのように言う。「元者、善之長也。亨者、嘉之会也。利者、義之和也。貞事、事之幹也。君子体仁足以長人、嘉会足以合礼、利物足以和義、貞固足以幹事。君子行此四德者、故曰。乾、元、亨、利、貞」。

也」である。ここにも仁愛と関連する「体」の字を用いている。「体仁」と「体愛」の「体」を「体現する」、「行う」そして「施す（実践する）」と解釈するのは当然問題ない。しかしこれは客観的結果から仁を見た場合である。わざわざ自己、自身と関連する「体」を使用しているのであれば、「体仁」と「体愛」の「体」と自己の内在身心の関連を考慮しなければならない。このように少し深い角度から見ると、「体仁」と「体愛」は正に内心から発する仁愛であり、自身の愛から「外化」及び「体現」した愛であると言える。馬を使用するために馬を愛するのとは違い、自己を利用するのではない。これは正に仁愛は内心から発する純真な感情であり、功利的目的から出ているのではないことを強調している。張岱年は「体愛」の意味を正確に示している。「体愛者、以己体人之愛、即愛人如己」。[1]「以己体人之愛」とは自身の「体」に対する「愛」を以て他人への愛を「体現」することである。「愛人如己」が仁愛の崇高な境地だと信じられるのは、「自己愛」の程度が高いためであり、これを基準にして他人を愛すと、自然とその愛の程度も高くなるのである。自己を愛護するかのように人を愛するのは、他人がそのような愛を必要としているからであり、他人がそのような愛を必要とするのは、まさしく「自己愛」の延長から出る同情心の作用なのである。これは内から外への過程であり、主観から客観への過程でもある。これが即ち儒家が強調する「推己及人」なのである。[2]

1　張岱年『中国哲学大綱』、北京・中国社会科学出版社、１９８２年版、２７６ページ。

2　郭店竹簡『性自命出』に「凡人雖有性、心亡奠志、待物而後作、待悦而後行、待習而後奠」という言葉がある。この

二 「身体」と「事親」の「仁」

儒家の「仁愛」思想において、「血縁親族」の愛というのが最も注目される主張であろう。儒家は往々にして「親親」、「事親」、「孝悌」、「孝慈」を以て「仁」を定義する。有子は「孝悌」を「仁愛の根本」としている。[1] これと意味が近いものに、『礼記・中庸』に、「自分の両親への親愛」を「最大の仁」としている部分がある（仁者、人也。親親為大）。孟子は、仁愛の具体的な落ち着きどころは、両親に充分な心遣いを持って仕えることであるとする（仁之実、事親是也）。[2] 郭店竹簡に「孝」と「親親」を「仁」の基本特性とし、遙か昔の帝王尭舜は「孝」の偉大な実践者だと信じる記載がある。『唐虞之道』に「尭舜之行、愛親尊賢。愛親故孝、尊賢故禅。……孝、𢚩之冕也。愛親忘賢、𢚩而無義也。尊賢遺親、義而未仁也」とあるように、舜は儒家が崇拝する古の聖王の一人であり、その「孝心」と「孝行」は儒者に語り継がれられる最も感動する美徳である。「孝」は儒家の「血縁親族」倫理の核心を成す。『孝経』

考えは孟子の「心性論」と少し異なり、心に対する外的要素の影響を強調している（荊門市博物館『郭店楚墓竹簡』、北京・文物出版社、1998年版、179―181ページ）

1 「孝弟也者、其為仁之本与」（『論語・学而』）
2 『孟子・離婁上』

と曾子の関係はまだ証明が必要であるが、孔子の門下生の内、曾子こそが「孝」を最も理解し実践した者であり、曾子の孝行は中国史上で最も有名な美談として語り継がれている。『孝経』は「孝」を哲学化及び理論化した代表的著作の一つである。「孝」は「仁」の根本であり、「不孝」は「不仁」「不仁の最」（「『傳』曰、不仁之至忽其親」）であるばかりではなく、極悪非道な罪名である。古代政治倫理（「君臣関係」が主な要）の核心である「忠」に比べて、「孝」は家庭倫理（「父子」、「兄弟」、「夫婦」等の関係が主な要）の基礎である。現代倫理観念に依ると、父子関係は私人的倫理と関係し、君臣関係は公共的倫理に関係するので両者は異なる領域の中の存在である。よってそれぞれ別の方式による理解と処理をしなければならない。しかし儒家の伝統において、「忠孝」は往々にして夏華倫理の二大美徳として挙げられ、「孝」は「忠」の前提であり、「忠」は「孝」の自然な延長であるとされる。儒家は「親親」と「孝」を「仁」の根本とし、親に事えることと敬い孝行することを仁の力点とする。「仁」にはある一定の差（近い遠い、薄い厚い等）がなければならないと主張し[1]、それが儒家の「仁愛」に「血縁親族」の特徴を与え、同時

1　墨家の夷之は孟子との対面を要求したが、孟子の湾曲的な拒否を受けた。お互いの記録の中で、二人の「仁愛」と親族関係に対する理解が明らかに違うことが分かる。『孟子・滕文公下』にこの討論に対する記載がある。「墨者夷之、因徐辟而求見孟子。孟子曰。『吾固願見、今吾尚病。病愈、我且往見、夷子不来』。他日、又求見孟子。孟子曰。『吾今則可以見矣。不直、則道不見、我且直之。吾聞夷子墨者、墨之治喪也、以薄為其道也。夷子思以易天下、豈以為非是而不貴也？然而夷子葬其親厚、則是以所賤事親也』。徐子以告夷子、夷子曰。『儒者之道、古之人若保赤子、此言何謂也？之則以為愛無差等、施由親始』。徐子以告孟子、孟子曰。『夫夷子信以為人之親其兄之子、為若親其隣之赤子乎？彼有取爾也。赤子匍匐将入井、

に墨家の「兼愛」とキリスト教の「博愛」との比較的意義において批判を受ける原因の一つとなっている。[1] 儒家の愛親の仁にも伝統的な背景がある。孔子の前の時代にこのような話がある。優施は懲罰を逃れる為に、悪巧みをする驪姫を唆し、夜中に晋献公に自分の無実を泣いて訴えるように言った。彼は申生の民を愛する行為と父親に対する仁愛とを対立させ、晋献公の「夫豈恵民而不恵於其父乎」に反問を加え、驪姫は「為仁」と「為国」は異なると答えた。仁を為すは親を愛することにあり、国を為すとは国を利することにある。またそれは他人から聞いた話であると言った。[2]

　儒家の親情の仁愛は、もちろん父母の子女に対する「慈愛」の面もある。父慈子孝は儒家の家族愛の仁における基本原則である。しかし我々が見たように儒家の家族愛の仁は子女の父母に対する仁愛と孝敬に重きを置く。父母の自然本性から出る生まれてから成長過程に至るまでの子女に対する仁愛は何物にも代えることはできない。「父母之心」、「親の心子知らず」とは父母の子女に対する純真な愛と苦心のことを言う。そして子女は成長したら、今度は自身が子を産み育てることで父母の愛と苦心を体験す

非赤子之罪也。且天之生物也、使之一本。而夷子二本故也』」。巫馬子不賛成墨子的兼受、認為愛是有遠近親疏之別的、他最後又信奉利己主義、墨子対他批評、非常有力、無懈可撃。（『墨子・耕柱』より）

1　これと異なり、姚新中は儒家之「仁」の普遍性を論証し、儒家的「仁」と差別の関係を明らかにした。『儒教と基督教――仁と愛の比較研究』、北京・中国社会科学出版社、2002年版。

2　「吾聞之外人之言曰。為仁与為国不同。為仁者、愛親之謂仁。為国者、利国之謂仁。故長民者無親、衆以為親」（『国語・晋語一』）

ることができるが、その愛情の多くを自分の子女に捧げ、父母に対する愛は疎遠になり、さらには喪失してしまうものである。儒家は報恩観念を強調し、３年の喪とは正にそのために設けられたのである。一般的に儒家は一面的に子女の父母に対する義務を強調していると批判されるが、父母の子女に対する愛は再び子女から父母へと戻ることが如何に難しいかを理解していない。

儒家は何故このような「親親」と「孝道」の「仁」を重視するのか。それは「父子」の間の血縁関係に基づくものである。血縁の仁愛は「仁」の特性であり、その特性の基礎でもある。人類の団体において、父母は最も自分に近しい人であり（「父母在、不遠游」は父母のそばにいることを要求している）、最も親しい人である。反対の立場でもそれは同じである。これは人の自然的本性、つまり生育本性によって決まる。人類の絶えない生育と繁殖過程は血統の結果であり、血統を造った原因でもある。儒家の「孝」は「子孫への継承」或いは「一脈相伝」の意識と価値観を発生させた。儒家の「親親」の仁は、父子の心身における「継承」を基にしている。儒家には身体は父母の遺体であるという考えがある。『礼記・祭義』で曾子が「身也者、父母之遺体也」と言っている。これと完全に一致する言葉が『曾子・曾子大孝』の「身者、親之遺体」である。自分の身体は父母の「遺伝体」或いは「化身」であり、父母の生命との繋がり及び一体感を感じるものである。自分を愛することと親に親しくすることは、当然結びつくのである。

一方で、自己の身体と生命は父母がくれたものであり、自己と父母は切っても切れないのであるから、自分が一番その痛痒と喜怒哀楽から父母の痛痒と喜怒哀楽を感じられるのであり、自分への関心と自己愛から父母が関心と愛を必要としていることを想像できるのである。仁愛としての親親と孝は、正に人が自己の「身体」と父母の身体との間の一体感と遺伝性を基に自然に生まれる感情である。孟子が人の良知良能の論証に使用した例は、幼い子供は皆自分の父母を愛することを知っており、大きくなった後も皆年長を敬うことを知っているということであった。[1] 郭店竹簡『語叢三』には「父孝子愛、非有為也」とあり、親子愛の仁における自発性と純真性を強調している。[2] 曾子の考えでは、自己は父母の「遺伝体」を使い行動しているので、父母を敬いよく仕えることは至極当たり前のことである。『礼記・祭義』にこのような曾子の言葉がある。「行父母之遺体、敢不敬乎」。Donald J.Munro は儒家の互恵的利他倫理の生理的根拠を探ろうとしたが、誤解してはいけないのは、彼は倫理と道徳に対し生物学的還元を行うのには賛成していない。彼が示したいのは、人の自然的本性と遺伝には互恵及び利他的先天傾向があるのかどうかということである。彼に言わせれば、儒家の親親の仁、親子愛の仁は血縁と親族面において

1　「孟子曰。人之所不学而能者、其良能也。所不慮而知者、其良知也。孩提之童無不知愛其親者、及其長也、無不知敬其兄也」(『孟子・尽心上』)

2　『荘子・天運篇』に商太宰の蕩が荘子に「仁」に関する質問をしたことが記載されている。荘子は虎狼も仁であると考える。虎狼も父子之親（「父子相親、何為不仁」）があるという意味である。蕩は「至仁」について聞いた。荘子は「至仁無親」と答えた。これは蕩を困惑させた。なぜなら蕩は「無親則不愛、不愛則不孝」という考えを聞き、これは「至仁不孝」と矛盾するからである。しかし荘子が言った「至仁無親」は最高の仁は自分の両親に対し仁愛をなくすというのではなく、最高の仁とは意識と目的を完全に超越し、純粋で自然な自発によるものであることを強調しているのである。「孝」には強い目的性がある。その他、「至仁」は血縁親族の愛を超える。

根拠がある。Donald J.Munro は社会生物学研究者 Edward O.Wilson の説を引用し儒家の親親の仁の合理性を証明した。Wilson は以下のように指摘する。

「血縁選択説（kin selection）は遺伝子の自然選択である。遺伝子がその遺伝子を持つ個体に対する影響と、遺伝子がその個体の全ての遺伝関係を持つ親族に対する影響を基にしている。この親族とは父母、子女、兄弟姉妹、従妹及び再生産が可能な血族、或いは血族の再生産に影響があるその他の個人である。利他主義行為の起源において、血縁選択は特に重要である」[1]

ここで Donald J.Munro 等の説明を引用したのは、親親の仁に対し生物学的還元をしようと試みたのではなく、父母と子女の「身体上」の「親合性」は親親の仁と孝慈の仁の最も直接的な原動力であることを強調するためである。自分の親兄弟を愛し、他人及び自分の親兄弟を愛す。他人からの愛を得ようと思えば、まず先に他人を愛すように、他人に自分の親を愛して欲しいと思えば、自分がまず他人の親

1　孟旦「互恵的利他主義と宋明儒家倫理学の生物学的基礎」『新哲学』第3集、鄭州・大象出版社、2004年版、135ページ。また、welson は「多くの証明できる遺伝関係において、最も道徳的傾向に近いものは、他人の不幸に対する共感(empathy)、及び赤子とその保護者の間の感情である。我々は道徳的傾向の遺伝可能性に対し多くの歴史的証拠を提供することができる」（同上、134ページ）

を愛さなければならない。郭店竹簡『語叢四』の「愛親則其方愛人」は正にこれを言っているのであろう。[1] その反対に、自分の親に危害を与えたくなければ、他人の親に危害を加えてはならない。孟子は他人の親兄弟に害を加えることは自分の親兄弟に危害を加えることに他ならないことを知っていた。なぜなら「殺人之父、人亦殺其父。殺人之兄、人亦殺其兄。然則非自殺之也、一間耳」。だからである。[2] 儒家の親親の仁において、親を養い、親の生活を助けるだけでなく、両親を敬い、両親の名誉を守り、その志を継ぎ、自分の美徳により両親が名声を得る。これが精神意義における「孝」である。よって、自己の人格を高め、精神的に成長することは自己の倫理道徳と責任を成し自己を完成させるだけでなく、「事親」の基本的な要求なのである。これこそが孔子と孟子が「成身」、「守身」と「事親」、「孝」を結びつけた理由である。[3]

1　『孝経』「子曰。愛親者不敢悪於人、敬親者不敢慢於人」。これは更に広い意味から自分の両親に愛と尊敬を与え、他人の両親に対し友好的でなければならないことを言っている。
2　『孟子・尽心下』
3　『礼記・哀公問』「公曰。敢問何謂成身?孔子対曰。不過乎物。公曰。敢問君子何貴乎天道也?孔子対曰。貴其不已。如日月東西相従而不已也、是天道也。不閉其久、是天道也。無為而物成、是天道也。已成而明、是天道也。公曰。寡人蠢愚冥煩、子志之心也。孔子蹴然辟席而対曰。仁人不過乎物、孝子不過乎物。是故、仁人之事親也如事天、事天如事親、是故孝子成身」。『孟子・離婁上』「孟子曰。事孰為大?事親為大。守孰為大?守身為大。不失其身而能事其親者、吾聞之矣。失其身而能事其親者、吾未之聞也。孰不為事?事親、事之本也。孰不為守?守身、守之本也。曾子養曾皙、必有酒肉。将

また一方では、同様に自分の身体は両親の身体の遺伝体であり、儒家の親親の仁と孝の仁を起点とするが、これは自身へ帰ってくる活動であるとする。これこそが両親が自分にくれた身体を後世に残すことであり、所謂「継承」である。孟子が言う「三不孝」の内の一つ「無後」は最大の不孝であるとされ、「有後」が孝を尽くす中でどれほど重要であるかを説明している。さらには、自己の身体ないしは皮膚や髪の毛に至るまでを守り、惜しまなければならない。『孝経』にはっきりと「身体髪膚、受之父母、不敢壊傷、孝之始也」とある。非常に興味深いのは、子の両親に対する孝敬は、子の自分の身心に対する愛へと返ってくるのである。[1]

上述から儒家の親親、孝慈の仁と、両親と子の身体の間の「連帯性」には密接な関係があることが伺える。人と人との関係において、直に「身心合一」の仁を体現できる仁愛である。このような親子血縁と身心苦楽に関連する親情の仁とその他の仁愛を比べると、人情的に優先性、親密性、厚重性の特徴がある。一般的にもこの意味より儒家の仁愛の等差性を理解しており、この点においては否定する必要は

徹、必請所与。問、有餘？必曰。有。曾晳死、曾元養曾子、必有酒肉。将徹、必請所与、問、有餘？曰。亡矣。将以復進也。此所謂養口体者也。若曾子、則可謂養志也」。

1　もちろん実際の生活において、子供は「尽孝」や「守喪」の為に、身心共に損害を受けることもあり、これは墨家が儒家を批判する部分でもある。しかし孔子が尽孝するが子孫の身心を害さないことも主張している。『孔子家語・観思』「子貢問於孔子曰。死者有知乎？将無知乎？子曰。吾欲言死之有知、将恐孝子順孫妨生以送死。吾欲言死之無知、将恐不孝之子棄其親而不葬。賜欲知死者有知与無知、非今之急、後自知之」。

ない。巫馬子は墨子の兼愛に賛成せず愛には程度の差があることを提唱し、儒家の仁愛の親疎立場を示した。巫馬子はこう言う。

「我愛鄒人於越人、愛魯人於鄒人、愛我郷人於魯人、愛我家人於郷人、愛我親於我家人、愛我身於吾親、以為近我也。擊我則疾、擊彼則不疾於我[1]」

孟子は墨子の「兼愛」は「無父」であり、無父（及び無君）は禽獣であると批判し、自己の両親への愛と他人への愛には差があると主張した。強調しておかなければならないのは、儒家の親親の仁の根本はこの意味に止まらず、他の重要な意味があるということだ。

儒家にしてみると、親親の仁は「仁愛」精神の出発点であり、人が仁を実践し仁愛を拡張することができるかを検証する試金石である。はっきりしているのは、もしも自分の両親ですら孝行できないのであれば、他人への仁愛を実践するのは難しいということだ。郭店竹簡『唐虞之道』は「孝」を人の「礼帽」に例えている。「孝、仁之冕也」。孟子は「不得乎親、不可以為人、不順乎親、不可以為子」と言っ

1 『墨子・耕柱』。畢沅は巫馬子は孔子の弟子・巫馬期或いはその後代ではないかと考える。しかし構文の「有殺彼以利我、無殺我以利（彼也）」によると巫馬子は儒家徒ではないようだ。

ている。[1] 朱熹の「孝弟為仁之本」という解釈は我々に「孝」と普遍の愛の関係を示した。原則から言うと、親親と愛人は皆「仁」であり、人を愛する為に親親するのではない。ただ仁を実践する最も直接的で切実な方法は親親であり、親親ができれば、人を愛する立脚地を立てることができる。朱熹は弟子の質問に対しその点を強調し答えている。

「問。孝弟為仁之本、是事父母、兄既尽道、乃立得個根本、則推而仁民愛物、方行得有条理。曰。固是。但孝弟是合当底事、不是要仁民愛物方従孝弟做去。可学云、如草木之有本根、方始枝葉繁茂。曰。固是。但有本根、則枝葉自然繁茂。不是要得枝葉繁茂、方始去培植本根」[2]

「問。孝弟是行仁之本、……曰。亦是仁民愛物、都是従親親上生去。孝弟也是仁、仁民愛物也是仁、只孝弟是初頭事、従這里做起」[3]

王陽明の説明もこの面の例証を示した。或る人が王陽明に「程子云、〝仁者以天地万物為一体〟、何墨

1 『孟子・離婁上』
2 朱熹『朱子語類』(二)、北京・中華書局、1986年版、461—462ページ。
3 朱熹『朱子語類』(二)、北京・中華書局、1986年版、478ページ。「行仁自孝弟始、蓋仁自事親、従兄、以至親親、仁民、愛物、無非仁。然初自事親、従兄行起、非是便(「不」字が抜けている可能性がある)能以仁遍天下」(同上、474ページ)

氏兼愛、反不得謂之仁」と聞いたところ、王陽明はこう答えた。

「惟其有個発端拠、所以生。惟其生、所以不息。譬之木、其始抽芽、便是木之生意発端拠。抽芽然後発幹、発幹然後生枝生葉、然後是生生不息。若無芽、何以有幹有枝葉？能抽芽、必是下面有個根在。有根方生、無根便死。無根何従抽芽？父子兄弟之愛、便是人心生意発端拠。如木之抽芽。自此而仁民、而愛物。便是発幹生枝生葉。墨氏兼愛無差等。将自家父子兄弟与途人一般看。便自没了発端拠。不抽芽、便知得他無根。便不是生生不息。安得謂之仁？孝弟為仁之本。却是仁理従里面発生出来[1]」

これにより我々は儒家が何を以て普遍主義の仁愛精神を持つことができるのかを理解できる。これまでは儒家の愛には差等観念があることを過度に強調し、親親の仁のこの一面を無視していた。実際には、儒家は親親と孝弟を仁の本としており、それを仁愛精神実践のための出発点及び着手点にしている。孟子は、「道在近而求諸遠、事在易而求諸難。人人親其親、長其長、而天下平」と言っている[2]。これを以て再び「弟子、入則孝、出則弟、謹而信、泛愛衆、而親仁」を見てみると、「孝弟」と「泛愛衆」の間

1　王陽明「伝習録上」『王陽明全集』(上)、上海・上海古籍出版社、1992年版、26ページ。
2　『孟子・離婁上』

の関係も紐解けるであろう。次は身心と関連した儒家の愛民、愛物等の普遍の愛の意識と観念について論じたい。

三 「推己及人」と「愛民」「愛人」の「仁」

普遍的倫理の要求の下で、人々は往々にして儒家が重視する血縁親情の愛に苦悩を感じる。彼らは儒家の親親と孝慈の仁は人の常情に合うが、「一視同仁」には及ばないと感じる。張岱年も以前このように孔子の仁と墨子の仁の違いを分析していた。

「墨子の兼と孔子の仁は大体において近いのだが異なる部分がある。仁は己より人を推し、近い方から遠い方へ、自己を起点とし徐々に拡大していく。近遠の程度より厚薄が生まれる。兼は自分と他人を分けず、近遠を分けず、全ての人に対し同等に愛し助ける。その為仁には差等があり、兼には差等が無いことになる[1]」

さらに張氏は儒家の等差の愛は仁の意味を屈曲させ複雑（兼愛のような簡明で直接的ではない）にし

1 張岱年『中国哲学大綱』、北京・中国社会科学出版社、1982年版、278ページ。

ており、自身を通して「群我一体」に向えないと考えている。『礼記・礼運』篇の「大同之説」と「聖人乃以天下為一家、中国為一人」の普遍の愛は、[1]墨家の影響によって生まれたとも考えている。張氏はこの説は考慮の余地はある。儒家の仁愛は同時に普遍の愛を含んでいるため、このような普遍の愛からも同様に大同の理想を導き出すことができるのかもしれない。ここで再度、儒家の親親と孝慈の仁は、一定程度の意味において愛の程度における差異を表しているだけであることを指摘しよう。差別なく全ての人を愛するということは、全ての人が「完全な平等」であるかの如く不可能である。孟子が墨子の「兼愛」は「無父」であると批判したのは些か乱暴である。兼愛でるならば、自分の両親もその愛の中に含めるのであり、実際はどうであれ全ての人が皆愛されお互いに愛すことになる。ただ、孟子は両親への愛は他人への愛に比べ重くなければならないと考える。愛の範囲から言うと、儒家の仁愛も確かに普遍的である。儒家は仁愛を「愛親之孝」だけに限ったことはなく、儒家からしてみると「愛人」と孝は矛盾せず両者は統一されるのである。『唐虞之道』に「孝之方、愛天下之民」や、帛書『五行・経』に「親而篤之、愛也。愛父、其継愛人、仁也」がある。[2]これに対し『説』の解釈には、「言愛父而後及人也。愛父而殺其隣之子、未可謂仁也」とある。池田知久氏は、これは『五行』が初期の儒家の血縁親情の仁

1　墨子の言う「視人之国、若視其国。視人之家、若視其家。視人之身、若視其身」（『墨子・兼愛中』）と類似する。

2　郭店竹簡『五行』はこれと一致する。「愛而篤之、愛也。愛父、其継愛人、仁也」。

を非血縁の普遍的人類愛に発展させたと考える。[1] しかし実際には、孔子における「仁」は血縁親情上に限定されておらず、人類の普遍の仁愛と同じである。ただ愛の範囲と愛の程度は同じ問題ではない。「群我一体」の観念も、自分とその他の人皆が同じであるということではなく、万物一体に近いものがある。儒家の仁愛普遍主義は、まず我々のよく知るように仁を「愛人」と定義づける。この例は多く、『論語・顔淵』「樊遅問仁。子曰。〝愛人〟」、郭店竹簡『語叢三』「愛、仁也」、『孟子・離婁下』「仁者愛人」、『大載礼記・主言』「仁者莫大於愛人」等、「仁」は皆人への愛を指す。特に『国語・周語』「博愛於人曰仁」、孔子の「泛愛衆」、韓愈の「博愛之謂仁」は、分け隔てない普遍の仁愛精神を強調している。[2] 次に、儒家の仁愛普遍主義は「仁」を以て「民を愛する」ことに表され、これは儒家の「徳政」と「民本」思想の核心である。『礼記・公問』に「孔子対曰。古之為政、愛人為大。不能愛人、不能有其身……不能楽天、

1　池田知久『馬王漢墓帛書五行研究』、王啓発訳、北京・中国社会社会科学出版社、線装書局、2005年版、265—267ページ。

2　儒家にも「以徳報怨」の考えはある。「子曰。以徳報怨、則寛身之仁也」など。しかし儒家の仁愛は決して嫌がる心を排除しない。『礼記・表記』「子曰。無欲而好仁者、無畏而不仁者、天下一人而矣」。『大学』「此謂唯仁人為能愛人、能人」。『荀子・兵論』「孫卿子曰。非汝所知也！彼仁者愛人、愛人故人之害之也」。『国語・楚語』「子高曰。不然。吾聞之、唯仁者可好也、可也、可高也、可下也」など。これはキリスト教の自分の仇を許し、そして愛す以善報とは少し異なる。儒家の「人」の説は善之別の考慮から出ている。

不能成其身」とある。[1]孔子の「博施於民而済衆」という言葉は、仁の境地を超えた聖人の境地であると考えられる。郭店竹簡の「仁民」、特に孟子の「仁政」は皆「愛民」において表され、百姓に豊かな生活をさせることとされる。『礼記・礼運』が信じる「天下為公」の「大同社会」[2]は、儒家道徳理想主義の政治における最高の理想といってもよいだろう。

儒家において、「礼儀」は差を明確に分けることに重きを置き、「音楽」は万物の共同性及び調和性を追求することに重きを置いている。これにより『礼記・楽記』に

「楽者為同、礼者為異。同則相親、異則相敬。……楽文同、則上下和矣。……仁以愛之、義以正之、如此則民治行矣」

「流而不息、合同而化、而楽興焉。春作夏長、仁也。秋斂冬蔵、義也。仁近於楽、義近於礼」

のような「楽＝同＝仁＝愛」の関連においても儒家の普遍的仁愛理想は見受けられる。

1 『国語・周語中』に「仁所以保民也」の言葉がある。
2 具体的内容は皆がよく知る以下の言葉である。「大道之行也、天下為公。選賢与能、講信修睦、故人不独親其親、不独子其子、使老有所終、壮有所用、幼有所長、矜寡孤独廃疾者、皆有所養。男有分、女有帰。貨、其棄於地也、不必蔵於己。力、其不出於身也、不必為己。是故、謀閉而不興、盗窃乱賊而不作、故外戸而不閉、是謂大同」

前文では、自分の「身体」と両親の連体性による「親親」と「孝慈」の仁を討論した。これは明らかに血縁と同胞に基づく仁愛であり、普遍的な愛人或いは人類の愛は血縁親情の愛を超えている。このような愛は儒家においてどのようにして可能なのか？それと自分の身心はどのような関係であるのか？特に影響がある方法として、『説文』「従人従二」の「仁」の解説に対し、人と人の相愛を引き出す方法があるが、謬名春はその方面の例を多く上げている。[1] 段玉裁の引用によると、「相人耦」の「人耦」は「猶言尓我親密之詞、独則無耦、耦則相親、故其字従人二」である。[2] 阮元も同じような方式で以下のように解説している。

「詮解〞仁〞字、不必煩称遠引、但挙『曾子・制言』篇〞人之相与也、譬如舟車然、相済達也〞、〞人非人不済、馬非馬不走〞、〞水非水不流〞、及『中庸』篇〞仁者、人也〞、鄭康成注〞読如相人偶之人〞数語足以明之矣。春秋時、孔門所謂仁也者、以此一人与彼一人相人偶而尽其敬礼忠恕等事之謂也。相人偶者、謂人之偶之也。凡仁、必於身所行者験之而始見、亦必有二人而仁乃見」[3]

1　廖名春「〞仁〞字探源」『中国学術』第8集、北京・商務印書館、2001年版、123ページ参照。
2　許慎著、段玉裁注『説文解字注』、365ページ、上海・上海古籍出版社、1988年版、365ページ。
3　阮元『〈論語〉論仁論』、『揅経室集』、北京・中華書局、1993年版、176ページ。

段玉裁と阮元の解釈は一様に、二つの相対する「人と人」の関係があれば仁愛があり、二人の出会いの中で自然に「愛心」が生まれると考えている。「愛人」が愛する人と愛される人との間に生じ、これが「愛人」の前提条件であることは言うまでもないが、人と人が出会えば仁愛が生じるかと言えばやはり納得できない部分があり、仁愛の発生には更に深い基本が必要であろう。段玉載と阮元の解釈は少しだけそこへ触れている。例えば段玉載は、『孟子』の「仁、人心也」とは「仁乃是人之所以為心也」のことであるとし、阮元は、仁は「必於身所行者験之而始見」としている。これは仁愛の主体性と内在性に対するある種の掲示である。しかし主に人と人との関係において「仁」を考えていることから、一歩進んだ仁愛が発生する内在根拠を掲示できていない。

孔子は「仁」に対し非常に重要な定義をしている。「夫仁者、己欲立而立人、己欲達而達人」がそれである。[1] 張岱年はこれが孔子の仁に対する正式な全面的な解釈であるとし、その他の解説は、仁を問う者の特徴に基づき一方面から説明を加え仁を実行できるようにするか、或いはそこまで深くは無い説明であり、この定義の下で初めて理解を深めることが出来ると考える。[2] 『論語・顔淵』に仲弓が仁を問い孔子が答えた記載がある。

1 『論語・雍也』
2 張岱年『中国哲学大綱』、上海・中国社会科学出版社、１９８２年版、２５６―２５７ページ。

「仲弓問〝仁〟。子曰。出門如見大賓。使民如承大祭。己所不欲、勿施於人。在邦無怨、在家無怨。仲弓曰。雍雖不敏、請事斯語矣」

その内の「己所不欲、勿施於人」は誰もが知る「道徳の黄金の法則」である。この言葉は『論語・衛霊公』において孔子が子貢の問題に答えた時にも言っており、「恕」に対する具体的な説明でもある。子貢が言った「我不欲人之加諸我也、吾亦欲無加諸人」[1]の意味は「己所不欲、勿施於人」と一致しており、孔子の発言より啓発されたものであるだろう。孔門の弟子の作品としての『大学』と『中庸』にも類似の説明がある。[2]その後、儒家はそこから「己所欲、施於人」の説明を引きだした。[3]

儒家は「自我」主観の好悪から発し「他人」主観の好悪に対し同乗の立場を取る。一方で自己が望まないものを他人に施さない消極的な部分と、もう一つは自己が望むものを他人に施す積極的な部分であ

1 『論語・公冶長』

2 『中庸』「施諸己而不願、亦勿施於人」、「所於上、毋以使下、所於下、毋以事上。所於前、毋以先後、所於後、毋以従前。所於右、毋以交於左、所於左、毋以交於右」。

3 早いものは孔安国『論語』注「己所欲、而施之於人」。『尸子・恕篇』「恕者、以身為度者也。己所不欲、毋加諸人。諸人則去諸己、欲諸人則求諸己、此恕也」など。遅いものは陳淳の「要如己心之所欲者、便是恕。夫子謂〝己所不欲、勿施於人、只是一辺論。其実不止是勿施己所不欲者、凡己之所欲者、須要施於人方可」（陳淳『北溪字義』、北京・中華書局、1983年版、38ページ）

る。[1]この両者の立場を結びつけるのが「恕」、つまり「己を推して人に及ぼす」である。「己不欲勿施人」であろうが、「己欲施人」、「己立立人」、「己達達人」であろうが、それらが共通するのは、皆自分の立場より発進し他人の事を考え、他人へ関心を持ち、自己の望みと要求を以て他人の望みと要求を考え、自己の好き嫌いを以て他人の好き嫌いを考慮することである。自己の望むこと或いは望まないことが表すのは、人は一般的自分に対し最も有利な方法を選択するということである。もしも我々人が自己に対するように他人に接することができれば、これは正に自己に対し最も良い方法を選択することを他人に対しても発展させることである。これこそが他人が望むことであり、最も大きな、普遍的な人類の愛なのである。自分が最も親しい人に対する態度と接し方で他人の最も親しい人へ接するもの一種の己を推して人に及ぼす仁愛である。孟子に典型的な話がある。

「老吾老以及人之老、幼吾幼以及人之幼、天下可運於掌。『詩』云、刑於寡妻、至於兄弟、以御於家邦。言挙斯心加諸彼而已。故推恩足以保四海、不推恩無以保妻子。古之人所以大過人者無他焉、善推其所為而已矣」[2]

1　一般的に儒家は「己不欲不施人」を重要視し、キリスト教は「己欲施人」を重要視すると考えられる。しかし全体的に言うと儒家にも「己欲施人」思想はある。

2　『孟子・梁恵王上』

人の情に照らし合わせると、人は最も良い方法で自身の親族に接し、またそれと同じ方法で他人の親族にも接する。これは正に他人の親族に対する仁愛である。とにかく、「己を推す」の「己」と「身」は儒家の普遍的人類の「愛」の内在根拠と原動力なのである。孟子の「仁政」は「不忍人之政」であり、それは人の「不忍人之心」を基にしている。孟子は、「人皆有不忍人之心。先王有不忍人之心、斯有不忍人之政矣。以不忍人之心、行不忍人之政、治天下可運之掌上」とはっきり推論している。[1]『論語・雍也』の「能近取譬、可謂仁之方也已」、『孟子・尽心上』の「強恕而行、求仁莫近焉」が強調しているのは「己を推す」ことを通して近きから遠きに人類の普遍的な愛を発展させることである。儒家の「推己及人」の仁愛観は、儒家が道徳理想と実践を自己の「修身」と「反求諸己」の基礎の下に築いたことは一致する。これも孔子が何故「為己之学」を主張するかの理由でもある。

四 「万物一体」の「仁」と「推人及物」

儒家の親親と孝慈の仁から博愛の人を愛する仁までは、近きから遠きまでの過程であり、「血縁同胞」の親情の愛から始まり普遍の「人類」の愛へと発展させる過程でもある。儒家の仁愛の伸展はここで終わりではなく、さらに天地万物の中へとその愛を広げていき、万物に対する包容性と仁愛性に代るので

---

1 『孟子・公孫丑上』

ある。儒家の仁愛精神はこれにより超人類的な理想を表していくのである。

『中庸』に「成物」という重要な概念がある。これは「成己」に相対する概念として出されたものである。「成己」は「仁」と定義され、「成物」は「知」と見做された。「成物」は「成就事物」であり、「成己」の仁とはことなる。だがその実「成物」も「物」に対する仁と言え、「成己」の仁と同様に皆「性の徳」なのである。『中庸』にはまだ「尽物の性」という言葉がある。これは「尽其性」と「尽人の性」に継ぐ第三段階の「尽性」である。「尽物の性」を実現すると、天地の変化と万物の生育の過程に参与でき、天地と並び立つことができるのである。[1]「尽物の性」は万物がその天性を実現するのを促進し、万物が各々その能力を尽くすことである。「成物」と同じく、「万物」に対する仁といえるのである。「万物並育而不相害、道並行而不相悖」というように、『中庸』は天地が「万物の調和」の秩序を創造していることを称賛している。天地万物それぞれの仁愛と言っても良い。孟子の「親民」、「仁民」及び「愛物」の三つの段階の中において、「民」が「仁愛」の対象と思えるが、「親親」も仁であり、愛物も仁であること

1　原文はこのように言う。「唯天下至誠、為能尽其性。能尽其性、則能尽人之性。能尽人之性、則能尽物之性。能尽物之性、則可以賛天地之化育。可以賛天地之化育、則可以与天地参矣」。

孟子の論は「君子之於物也、愛之而弗仁。於民也、仁之而弗親。親親而仁民、仁民而愛物」（『孟子・尽心上』）『呂氏春秋・愛類』「仁於他物、不仁於人、不得為仁。不仁於他物、独仁於人、猶若為仁。仁也者、仁乎其類者也」。この言葉も完全に「仁於他物」を排除しているのではない。

からすると、この三つの段階は厳格な境界線がなく、これは「愛」の対象に「物」が含まれているという明確な例なのである。[1] 荀子の理想の君王は、(「遇賤而少者、則修告導寛容之義。無不愛也、無不敬也、無与人争也、恢然如天地之苞万物、如是、則賢者貴之、不肖者親之」と言うように) 人間界の礼楽を円満にし、共存を許す政治秩序を建立するだけでなく、[2] (「君者、善群也、群道当則万物皆得其宜、六畜皆得其長、群生皆得其命」と言うように) 更に万物にそれぞれその役割を与えることにある。[3]

個人中心主義においては、「四海之内皆兄弟」という考え方はあり得ない。人類中心主義においては、「万物一体」の意識は生まれない。金岳霖は以前このように分析した。「自己中心の思想は往々にして個人にその基本的特性が他の個人と密接に関係していることに気付かせず、人類中心の思想は人々に人類の基本特性はその他の動物、その他の生命の存在、その他のものと密生に繋がっていることに気付かせない」。[4] 儒家はよく人を「万物」の「秀者」、「霊者」、「貴者」とし称賛している。[5] 人がその独特な本性

1 孟子の論は「君子之於物也、愛之而弗仁。於民也、仁之而弗親。親親而仁民、仁民而愛物」(『孟子・尽心上』)『呂氏春秋・愛類』「仁於他物、不仁於人、不得為仁。不仁於他物、独仁於人、猶若為仁。仁也者、仁乎其類者也」。この言葉も完全に「仁於他物」を排除しているのではない。

2 『荀子・非十二子』

3 『荀子・王制』。『中庸』の「致中和、天地位焉、万物育焉」からも儒家の理想の高さが伺える。

4 金岳霖「道、自然与人」『金岳霖集』、北京・中国社会科学出版社、2000年版、98—99ページ。

5 荀子は異なる段階から万物と人の関係を区別している。「水火有気而無生、草木有生而無知、禽獣有知而無義、人有気、

を最大限に発揮し、天が与えた使命を全うすることを求めている。儒家の人格理想論、尽心尽性論、修養論等は皆、人が自分の真の本質に従い存在することを目的としている。このように人と万物を区別する意識と要求は、時として儒家に人類優越感と人類中心感を与えることがある。[1] しかしこれは儒家の「人類認同」意識であり、人類と万物を区別する意識である[2]といって儒家は決して個人中心または人類中心を掲げているわけではなく、反対に人と自然の統一、人と万物の統一という「天神合一観」と「有機宇宙観」を有しており、万物に共鳴し、万物を包容する「万物一体」の境地に表現される。人を貴しとなすと同時に、儒家は人類を「万物」の中に「同化」させ、万物の中の一つの存在とするのである。

早期の儒家においてはまだ「万物一体」の言葉は見られない。荘子の言う「天地与我並生、而万物与

有生、有知、亦且有義、故最為天下貴也」（『荀子・王制』）また「人之所以為人者、何已（「以」と同じ）也？曰。以其有辨也。飢而欲食、寒而欲暖、労而欲息、好利而害、是人之所生而有也、是無待而然者也、是禹、桀之所同也。然則人之所以為人者、非特以二足而無毛也、以其有辨也。……夫禽獣有父子而無父子之親、有牝牡而無男女之別。故人道莫不有辨、辨莫大於分、分莫大於礼、礼莫大於聖王」（『荀子・非相』）

1　孟子の「人禽之辨」のように、人は人が人である本質を保たなければならないことを強調するだけでなく、禽獣を低く評価する意味もある。

2　孔子が「鳥獣不可与同群、吾非斯人之徒与而誰与」（『論語・微子』）と言うように、孟子にも「物之不斉、物之情也」という言葉がある。（『孟子・滕文公上』）

我為一」と「天地一指也、万物一馬也」[1]は、万物に対し差別の無い、万物皆一つであるとする絶妙な表現である。これは荘子がある種の超越的な立場（「以道観之」、「自其同者視之、万物皆一也」のように）に立ち出した結論である。『荘子・天下篇』の記載によると、恵施は比較的早い段階で「一体」という言葉を使用しているが、「万物」の一体ではなく、「天地一体」（「泛愛万物、天地一体也」）と言っている。しかし「万物一体」の意味と似ており、特に「天地一体」と「泛愛万物」を同列に並べ「万物の愛」の主張は、儒家の「万物一体の仁」と無関係ではなさそうである。『呂氏春秋・情欲』の「人与天地也同、万物之形雖異、其情一体也」ははっきりと「万物一体」の意味を表している。『孟子・尽心上』の「万物皆備於我」、『孟子・公孫丑上』の「夫志、気之帥也。気、体之充也」は、「主体性」の自我と万物及び気の関係を指しており、その中には自己と万物は一体であるとの意味を含んでいる。

張載『乾称篇』（『西銘』とも呼ぶ）に「天地之塞、吾其体。天地之帥、吾其性」の言葉がある。これは孟子の言葉と非常に似ている。張載は正に自我は天地の気と本性から生じていることを基に（具体的には「気質の性」と「天地の性」）、有名な「民吾同胞、物吾与也」の論断を提唱した。この論断に従うと自己と他人の関係は血縁性の兄弟、同胞関係となり、自己と他人は同類であるという人類意識は、人類と万物の同類意識となる。張載によると、人が自己の心性を無限に広げて発揮すると、「体天下之物」

1　『荘子・斉物論』。「斉万物」を主張する荘子が「愛人利物之謂仁」（『荘子・天地』）という観念を持っていても不思議ではない。

を実現することができる。「聖人」がその性を尽くすことができると、「視天下無一物非我」を感得することができる。孟子は正にこれにより「尽心則知性知天」を提唱したのである。[1] 宋明儒学家は「万物一体」の仁の道を楽しむ。これは先秦儒家の「仁愛」精神に対する拡大である。程顥の解釈、「所以謂万物一体者、皆有此理、只為従那里来。……放這身来、都在万物中一例看、大小大快活」。[2]「学者須識先仁。仁者、渾然与物同体」とは正にこのことである。[3] 王陽明も「仁者以天地万物為一体、使有一物失所、便是吾仁有未尽拠」[4]、また「夫聖人之心、以天地万物為一体、其視天下之人、無外内遠近、凡有血気、皆其昆弟赤子之親、莫不欲安全而教養之、以遂其万物一体之念」と言っている。[5] 程顥と王陽明の考えによると、「万物一体」と「仁」は二而一、一而二である。「万物一体」は「仁」であり、「仁」は万物を一体としなければならない。万物を一体と為すことができなければ「仁」を尽くしたとは言えない。人を愛する仁は普遍的人類の愛であるが、「人類共同体」の仁愛に限定される。「万物一体の仁」は人類共同体を超越し、全ての事物に対し同情心と愛を表す「仁」である。これにより宇宙共同体の愛ということが

1　張載「正蒙・大心篇」『張載集』、北京・中華書局、1978年版、24ページ。
2　『河南程氏遺書』（巻二上）、『二程集』（第一册）、北京・中華書局、1981年版、33－34ページ。
3　同上、16ページ。
4　王陽明「伝習録上」『王陽明全集』（上）、上海・上海古籍出版社、1992年版、25ページ。
5　王陽明「伝習録中」、同上、54ページ。

できる。この意味からすると、儒家の仁愛は墨家の兼愛とキリスト教の博愛よりも更に博大、寛厚である。であるならば、儒家の「万物一体の仁」はどうすれば可能であるのか。儒家の「万物一体」は一種の「立場」と「観点」の産物であり、正に荘子の言う「以道観之」と「自其同者視之」である。張載は尽性により天下万物は皆「我」を見做すことが出来ると信じている。程顥は、万物一体は自らを万物の中に放りその一つとして見做すことだとする。王陽明は「仁」は万物を一体と為さなければならないと考えている。一種の「視野」と「観点」から万物に対する同情を得ることについて、金岳霖はこう説明する。

「我々が忘れてはいけないことは一人の人は同時に一匹の動物であり、一個の客体である。これは明らかなことだ。一匹の動物とするとある客体とは異なり、人とするとある動物とは異なり、自分とすると他人とはことなる。しかしもし自分のものと認識されることはその他の人、その他の動物及び客体に浸透していることを理解した時、自分が特別なことに対し異常に興奮したりしない。この理解はその人が自分と世界及び世界中の物事が密接に関連していることを見せてくれる。これにより普遍的同情を得られるのである」[1]

観点と立場から来る万物一体或いは万物一体の仁は、過度に理性的かもしれない。しかし「万物一体」

1　金岳霖「道、自然与人」『金岳霖集』、北京・中国社会科学出版社、2000年版、186ページ。

も感性体験、体認の境地だと言える。人が大自然に身を投じ「悠然見南山、心遠地自偏」を感じた時、自然万物と一体になる感情共鳴が生じさせることができるのである。[1]

理性と感性体験による「万物一体」は儒家にとって万物の間の「実在」でもあり、天地と万物の「統一性」を根源とした一種の実存関係である。[2]しかしこのような関係は無限且つ多様な万物において自然に現れることはなく、人が独特な方法でそれを発見しなければならない。ここにおいて「自己」の身心はやはり重要となる。自己と万物一体、万物の崩土一体の「体」は、万物の中のそれぞれの固体の相互介入及び相互保有と理解することもできるし、世界共同体或いは宇宙の大家族の中における密接に関係する存在とも言える。儒家の考えによると、このような「一体化」は、同様に自己の身心から展開してくるのものである。程顥が言うように、

『訂頑』一篇、意極完備、乃仁之体也。……医書言手足痿痺為不仁、此言最善名状。仁者、以天

1　張岱年先生は昔熊十力先生に向って「万物一体」を体験することは非常に難しいと言ったことを語った。熊十力曰く「万物一体は昔の実話である。もしその境地に到達したら自然と分かるだろう。もしその境地に到達しなければ説明しても分からないものである」（張岱年「哲苑絮語」『張岱年全集』第八巻、石家荘・河北人民出版社、1996年版、372ページ）

2　儒家は一般的に「実在」、「実然」と「応該」、「応然」を統一的と見做す。或いは実際には価値と統一している。例えば「誠者、天之道也。誠之者、人之道也」、「天命之謂性、率性之謂道、修道之謂教」などのように。

地万物為一体、莫非己也。認得為己、何所不至？若不有諸己、自不与己相幹。如手足不仁、気已不貫、皆不属己。故「博施済衆」、乃聖之功用。仁至難言、故止曰「己欲立而立人、己欲達而達人、能近取譬、可謂仁之方也已」。欲令如是観仁、可以得仁之体」[1]

「心霊」作用に注目する王陽明は、自己の「心」を用い万物一体の仁を拡大するのである。「蓋其心学純明、而有以全其万物一体之仁、故其精神流貫、志気通達、而無有乎人己之分、物我之間。譬之一人之身、目視、耳聴、手持、足行、以済一身之用。目不恥其無聰、而耳之所渉、目必営焉。足不恥其無執、而手之所探、足必前焉。蓋其元気充周、血脈条暢、是以痒痾呼吸、感触神応、有不言而喩之妙」[2]。宇宙の愛、万物一体の仁が如何に広大で無限であろうとも、程顥と王陽明の考えによるとやはり自己の身心から転化しなければならないのである。

1　『河南程氏遺書』（巻二上）、『二程集』（第1冊）、北京・中華書局、1981年版、15ページ。

2　王陽明「伝習録中」『王陽明全集』（上）、上海・上海古籍出版社、1992年版、55ページ。王陽明はまた「夫人者、天地之心、天地万物、本吾一体者也。生民之困苦荼毒、孰非疾痛之切於吾身者乎？不知吾身之疾痛、無是非之心者也。是非之心、不慮而知、不学而能、所謂『良知』也。良知之在人心、無間於聖愚、天下古今之所同也。世之君子惟務致其良知、則自能公是非、同好、視人猶己、視国猶家、而以天地万物為一体、求天下無治、不可得矣」（『伝習録中』、同上、79ページ）

備考

最後に少しだけまとめると、郭店竹簡の「身心合一」の「⿱身心」は、その構成と会意は直接的な意味である自己の身体、身心に対する関心から、これによる同情心の発生と引き起こされる「愛」とあり、その意味は深奥で且つ美しい調和がとれている。親親と孝慈の仁、普遍的な人を愛する仁、物を愛する及び万物一体の仁等多層的仁愛の構成において、儒家の仁愛は個人の「身体」、「身心」、「体」に縛られそれより外に向い拡大と延長を続けるのである。反対に言えば、それはまた外から内に向い縮小と下降し「自身」へと着地させる。言い換えれば、儒家の仁愛は内的な自己（身心）から外的な過程、社会、宇宙に向い展開と放出をする過程であり、また一方では外的宇宙、社会、家庭から内的な自我へと凝縮、縮小をする過程なのである。儒家の「神聖性」と「超越性」は、「内在」的であり、「外在」的でもある。『中庸』の言葉を借りて言えば「極高明而道中庸」であり、現在の言葉を使えば「神聖は凡俗にあり」である。

総合すると、儒家にとっては一方で人道は天道を根源とし、人性は天命を源とする。つまり「内在的」は「外在的」を源とするのである。もう一方で「天道」、「天命」は個人の身上に落ち着き、その個人の使命となり、展開と完成に努めなければならないのである。そのため「外在的」はまた「内在的」でもある。儒家の主と客、内と外、天と人、実然と応然、理想と現実は密接に関連している結合的存在である。それらは孤立的存在ではなく、ましてや対立的関係ではない。このため儒家の超越は一種の「貫通性超越」と言えるが、儒家の思いやりは「貫通性の最終の思いやり」と言える。孔子の死後、分れた孔子の弟子及びその弟子が継承し輝かせた儒家は、『中庸』『大学』『楽記』『易伝』『孝経』及び郭店儒家竹簡等の文献において、全体的に表される思想傾向も「貫通的超越」と言える。具体的体現の身心合一の仁の超越として、大まかに言うと「内在性的」であり、「外在性的」である。ただ、「身心合一」の「仁」の超越は、比較的「仁徳」の内在根拠と発動に重きを置き、内から外への拡張を大切にする。孔子の後学及び思孟学派に代表される「心性の学」と陸王に代表される「心学」は、その追求する超越の多くは「内在」方面からの着手である。龐朴は孔子の後から荀孟までの期間の人の性情は如何に仁と為すかの方法に対する解釈を、内に向かう探求と外に向かう探求の二つの道に分けている。彼は「内に向かう探求は、「人之所以異於禽獣者幾希」を見究め、自己の心を明らかにし、本性を見出すことである。外に向かう探求は、宇宙本体から社会功利まで、天を推して人に及ぼす。内に向かう探求は子思から孟子、そして『中庸』へと繋がり、外に向かう探求は『易伝』から『大学』、そして荀子へと繋がっている。その後『礼記』によってまとめられた」という。[1] 龐朴先生の立論は本文の複雑な位置問題にまで及ぶ。例えば、彼は『礼記』

1　龐朴「孔孟之間——郭店楚簡の儒家心性説」『郭店楚簡研究』(『中国哲学』第20集、沈陽・遼寧教育出版社、1999年版、

を孟荀の後に置いたが、我々はこれには賛成することはできない（内容上からであり編成上ではない）。しかしここではそれを討論することはできない。我々が興味があるのは、龐朴先生が言う内在的な人の性と心から「仁愛」を探求する根拠である。

「身心合一」から構成される「𢚩」及び仁愛精神は、主に内へ向かう方向に属する。人の性と心とは分けることができない「徳性」倫理である。『孟子・告子下』が言う「有諸内、必形諸外」、『五行』が言う「形於内」は皆徳性と美徳が人の心性の内にあると伝えている（「仁愛」の中の一つに限らない）。儒家は家、国家、天下さらには宇宙の理想の実現が個人の修身の基に立ち、それにより「成己」、「為己」の学及び成果が発展すると考える。これは道徳主体としての個人の身心に対し重要視しているのである。[1]『五行』の「仁義礼智聖」を以て人と為す先天的徳と孟子の「仁義礼智聖」を以て先天的「四端之心」などの内在的心性論とは少し異なり、『六徳』の「仁内義外」は（告子に限らず）、「仁」を以て人と為

23ページ）。龐朴の説と似ており、王博は「仁内義外」という論題は、孔子の後の儒家が道徳原則の根拠を求めた二つの努力であると考える。一つは内向的「心性之学」であり、これは「仁徳」と「心性」を取り囲み展開される。もう一つは外向的「義理之学」であり、これは「礼義」と「天道」を取り囲み展開される。しかし後にこの二つの面は合流した。（王博「仁内義外」を論じる」『中国哲学史』２００4年第2期、33—34ページ）

1　儒家か特に「自我」の反省（「反求諸己」）と「自立」を重視する、孔子が言う「不患人之不己之、患不知人也」（『論語・学而』）、「不患無位、患所以立。不患莫己知、求為可知也」（『論語・里仁』）、「不患人之不己知、患其不能也」（『論語・憲問』）、また『尊徳義』の「知己所以知人、知人所以知命」等のように、これらは皆道徳主体の自我成就と自我実現を強調している。

す内在心性、「義」を以て外在的原則と規範と為すを主張する。しかし儒家において、「義外」は二種類に分けることができる。一つは義を外在原則と規範とするが、天道的根拠を持っており、『礼記・楽記』が「礼楽」を「天地の和」と「天地の序」と見做していることに類似する。[1] もう一つは荀子の「義外」である。この「義外」は根本的には礼義を「社会」の産物と見做す。社会の産物として、礼義は「聖王」と「君師」が社会生活の需要を基に制作、創造したものであり、聖王と君師が何故制作できるかに関しては、彼らは天命を与えられたからではなく、彼らの好学と修養の結果によるものなのである。『荀子・礼論』に「凡生乎天地之間者、有血気之属必有知、有知之属莫不愛其類。……有血気之属莫知於人、故人之於其親也、至死無窮」とあり、『荀子・楽記』に「礼有三本――天地者、生之本也。先祖者、類之本也。君師者、治之本也。……故礼、上事天、下事地、尊先祖、而隆君師」とあるが、[2] 荀子は全体的に天道と天（自然化された天）を「礼義」の外在根拠とせず、「道」も主に人道上に制限されている。例えば「道

1 『礼記・楽記』「楽由中出、礼自外作」、郭店簡『語叢一』「人之道也、或由中出、或由外入。由中出者、仁、忠、信。由外入者、礼、楽、刑」、これは「内外」の別の言い方である。
2 『荀子・不苟』「君子養心莫善於誠、致誠則無它事矣。唯仁之為守、唯義之為行。誠心守仁則形、形則神、神則能化矣。誠心行義則理、理則明、明則能変矣。変化代興、謂之天徳。天不言而人推高焉、地不言而人推厚焉、四時不言而百姓期焉、夫此有常、以至其誠者也。……天地為大矣、不誠則不能化万物。聖人為知矣、不誠則不能化万民。父子為親矣、不誠則疏。君上為尊矣、不誠則卑」。ここでは、美徳としての「誠」と天地は依然関連がある。

者、非天之道、非地之道、人之所以道也」などである。[1] 荀子のこのような「義外」的人道は儒家体系において比較的少数派である。

1 『荀子・儒效』

第2章　『性自命出』の人性構図及び人道観

――「性」、「情」、「心」、「道」等の概念の釈義

郭店楚簡『性自命出』とそれによく似た上博館蔵楚竹所『性情論』[1]は、孔子の後であり孟子と荀子の前に発見された儒家の人性、人情と人心の典型作品に対する言葉として、その発見と公開は我々に初めて儒家の人性論と心霊哲学の比較的早期な完全な表現と形態を見せ、その点においては誰もが認めると

1　本文が研究及び引用する『性自命出』の釈文は、主に荊市博物が編集した『郭店楚墓竹簡』（北京・文物出版社、1998年版、179―181ページ）と李零『郭店楚簡校読記』（北京・北京大学出版社、2002年版、105―108ページ）を基にしている。合わせて劉昕嵐『郭店楚簡〈性自命出〉篇箋釈』（武漢大学中国文化研究院編集『郭店楚簡国際学術研討会論文集』、武漢・湖北人民出版社、2000年版、330―354ページ）、陳偉『郭店簡書〈性自命出〉校釈』（謝維揚、朱渊清主編『新出土文献と古代文明研究』、上海・上海大学出版社、2004年版、191―202ページ）、李天虹『郭店竹簡〈性自命出〉研究』（武漢・湖北教育出版社、2003年版、123―200ページ）等を参考とした。別に上博簡『性情論』釈文（馬承源氏主編『上海博物館蔵戦国楚竹書（一）』、上海・上海古籍出版社、2001年版）も参考とした。

ころである。後出の孟子の「性善論」と荀子の「性悪説」と比べると、如何に『性自命出』の人性論の特徴及びその関係を見分け定義付ければ適切で正確であるのか、これは我々が努めて究明しなければならない問題である。研究者が提唱した考えは、主に二つの異なる傾向がある。一つは『性自命出』の人性論は性善説ではなく、「自然人性論」に近いとする説である。[1] これと異なり、二つ目は『性自命出』の人性論は「性善論」を含むものであるとする説である。孟子の性善論を啓発し、「思孟学派」に属す作品である。[2] 我々はこの二つの異なる考えは『性自命出』の人性論の特質を示すには足りないと考える。『性自命出』の人性論は、基本的には一種の「性有善有不善」の二重構造になっており、孟荀の前の儒家の人性論の形態である。孟子の性善説と荀子の性悪説は、それぞれその一方を派生させ拡大させるのかもしれない。『性自命出』において、「性」と密接に関係する「情」と「心」は同様に二重性であり、善と不善の混合体なのである。

1　陳来と梁涛はこの考えを持っている。陳来氏『荊門竹簡之〈性自命出〉篇初探』（『中国哲学』第二十集「郭店楚簡研究」、沈陽・遼寧教育出版社、１９９９年版）梁涛『竹簡〈性自命出〉と初期儒家の心性論』（龐朴主編『古墓新知』、台北・台湾古籍出版有限公司、２００２年版）。

2　郭斉勇、欧陽禎人の持つ立場。郭斉勇『郭店儒家簡と孟子の心性論』（『武漢大学学報』（哲学社会科学版）、１９９９年第５期、総第２４４期）、欧陽禎人『在摩蕩中弘揚主体――郭店楚簡〈性自命出〉認識論検析』（武漢大学中国文化研究院編『郭店楚簡国際学術研討会論文集』、武漢・湖北人民出版社、２０００年版）

一　「有善有悪」の人性と『性自命出』

『性自命出』の研究と比較において、大抵は皆『孟子・告子上』と王充『論衡・本性篇』が語る儒家早期の異なる人性論に注目するが、基本的に皆『性自命出』の人性論モデルがその内のいずれかに属するとは考えない。我々が『性自命出』の人性論モデルが「性有善有不善論」に属すると提唱するのは二つの点に基づかれる。一つ目は、このような人性論モデルは早期儒家の人性論における重要なものの一つだからである。二つ目は、この人性論は全体的にその内の一つと類似しているからである。告子の「性無善無不善説」、孟子の「性善説」とその反対の荀子の「性悪説」を除き、王充の『論衡・本性論』と『孟子・告子上』が挙げた儒家早期の人性論モデルは三つある。一つは「性有善有悪説」である。王充の『論衡・本性篇』にはこう記載している。

「周人世碩、以為人性有善有悪、挙人之善性、養而致之則善長。性悪、養而致之則悪長。如此、則性各有陰陽、善悪在所養焉。故世子作『養書』一篇。密子賤、漆雕開、公孫尼子之徒、亦論情性、与世子相出入、皆言性有善有悪」

この記載によると、「性有善有悪説」の主な代表は世碩である（「以為人性有善有悪」）。この他、密子賤、漆雕開、公孫尼子等（「皆言性有善有悪」）、王充によると彼らと世碩の考えには出入があると言うが、出入とは何かについては、王充は説明をしていない。注目したいのは、王充によると彼らも「情性」を論じる。これは彼らの論じるテーマが「性」だけではなく「情」もあることを意味している。二つ目は「性可以為善、可以為不善」、三つ目は「有性善、有性不善」である。この二つはどちらも『孟子・告子上』に記載されており、その具体的内容と主張は詳しくは分からない。これら三つの異なる人性論は、前の二つは人の本来の性について語っている。一つは人の本性には、善の面もあり悪の面もある。「性」はもともと「有善有悪」であるということから、人性のこれら二面は人が生来持つ先天的な異なる傾向であることが推測される。二つ目は、本性は、これを善とすることも悪とすることもできるというものである。これは人の先天的本性には善悪がなく、善悪は後天的に生じる二つの異なる可能性ということを意味している。三つ目は異なる人から人性を語っている。つまりある人は生来善の性を持ち、ある人は生来不善の性を持つ。これは人性において人を異なる類型に分けているのである。[1]

王充の『論衡・本性篇』は古代儒家の人性論史に対する概要のようであり、当時広く伝わっていた儒家文献の中の主要な人性論も含まれている。その内孔門弟子の世碩、密子賤、漆雕開、公孫尼子が提唱している「性有善有悪論」が最も早い主張である。『漢書・芸文志』の記載によると、孔子のこの四人

1　『性自命出』人性論が第３類に属さないのは明らかである。人の性が異なるという思想がなく、孔子の人に対する「上智と下愚」、「生知と学知」の区別もない。次に第２類にも属さない。人の性が後天において行う表現から善を論じていないからである。

の弟子は皆著作があり世に出ている。『世子』（世碩）、『密子』（密子賤）、『漆雕子』（漆雕開）、『公孫尼子』である。学問家としての王充は大体これら著作の内容、特に世碩の『養書』（一篇）に精通しているだろう。その他の文献に彼らの人性論モデルが記載されているないしは概括されていない限りそれらを知っているはずがないからである。『漢書・芸文志』に孔子の弟子の著作は決して多くはなく、『子思子』と『曾子』の他は上述の世碩、密子賤、漆雕開、公孫尼子の著作である。世碩、密子賤、漆雕開、公孫尼子等は皆人の性情問題に言及しており、これは「性情」問題は孔子の後の数代の弟子にとっては関心ある論題であったことを説明している。[1]『論衡・本性』の記載には孔子の弟子における主な人性論者が皆含まれている。とすると『性自命出』の作者はこの4名の中にいる可能性がある。丁四新氏は世碩の著作によるものだという主張に寄っており、陳来氏は公孫尼子の著作であるという主張に寄っている。今となっては作者がその中の誰であるか特定するのは困難である。『礼記・楽記』と『性自命出』は確かに類似性が多々ある。もし『礼記・楽記』が公孫尼子の作であれば、『性自命出』が公孫尼子の作である可能性は大きくなる。しかし『楽記』に「性善不善」説がないため一概にそうとも言えない。そのため、『性自命出』も世碩、密子賤、漆雕開との関係は排除せきない。どうであれ、『性自命出』の作者が世碩、密子賤、漆雕開、公孫尼子の内の一人だとすると、密子賤、漆雕開、公孫尼子の具体的論述が

1　彼らの著作には当然としてこの方面の内容がある。惜しくもこれらの著作は失われてしまった。（『隋書・経籍志』に欠損がある『公孫尼子』が記されているが、後に失われた）

世碩との間に「出入」があったとしても、『性自命出』の人性論モデルに相応するのは王充が記している「性有善有悪論」である。

『性自命出』の人性論モデルが「性有善有悪論」と言えるのは主にその内容から伺えるからである。『性自命出』は人の哀楽の性は近いと考える（「哀楽、其性相近也」）。この考えはおそらく孔子の「性相近」の影響を受けている。しかし『性自命出』はさらに天下の人の人性も皆同じであると信じている。考え方としては「四海之内、其性一也」とあるが、これは差別的な意味を持たず人を考えている。孔子は「性相近」の「性」の具体的含義を説明していないが、『性自命出』の「性一」の「性」は異なる側面から定義付けをしている。うち一つは性は人の先天の命より来るものであり（「性自命出」）、人の「命」は「天」より授かる。これは『中庸』の「天命之謂性」に類似する。[1] 二つ目は「喜怒哀悲之気」を「性」としている。これは人の感情を造る素材と機能（気）より性を説明している。三つ目は、「好悪」を「性」とする説。これは人の異なる心理傾向より「性」を論じている。「喜怒哀悲之気」であろうが「好悪」であろうが、これらは先秦哲学においては「性」と呼ぶこともでき「情」と呼ぶことも出来る。[2] 黄老学と

1　『左伝』成公十三年は「生」と「命」を相対している。その「生」が持っているものを「性」と理解できる——「吾聞之、民受天地之中以生、所謂命也。是以有動作礼儀威儀之則、以定命也。能者養之以福、不能者敗以取禍」。

2　朱伯崑は昔荀子の性情論説を解説して言った。「性の内容に関して、告子は食色二欲に限定している。荀況はそれを広げ、おおよそ生理方面、心理方面の活動は、皆性の内容に入るとした。その中には感官の感覚やおおよそ〝好喜怒哀楽〟

韓非子が人の「好悪」を「性」ではなく「情」と統一して呼んでいたように。荀子は相対的意味において性情を区別している。『荀子・正名』に以下のようにある。

「性之和所生、精合感応、不事而自然謂之性。性之好悪喜怒哀楽謂之情」
「性者天之就也、情者性之質也」

荀子の「性」はそれが生来非人為的な「自然体」であること強調している。「情」は性の中の好悪喜怒等の内容が含まれる。荀子は「質」とも呼び楊倞は「質体」と解釈している。『性自命出』の性情構成において、「情」は「性」から生じている（「情生於性」。『語叢二』にも「情生於性」の言葉がある）、或いは「情」は「性」を源とする（「情出於性」）。これは荀子の「性情」と類似する所がある。「喜怒哀楽の気」と「好悪」だけを見ると、『性自命出』が言う「性」は道徳価値がない人が生来有しの情も含まれる。さらに〝飢而欲飽、寒而欲暖、労而欲休〟（同上）の欲望なども含まれる。しかし荀況は、人の性において人の生活を支配する主なものは〝好之情〟であると考える。つまり利害を好む情である。その為〝性情〟と並んで使われるのである」（朱伯崑『先秦倫理学概論』、北京・北京大学出版社、１９８４年版、１０８ページ）陳来は朱伯崑の考えを引用し『性自命出』の性情を理解している。しかし『性自命出』にとっては、朱先生の説明は部分的な適用性しかない。例えば、荀子において、良い性情は好利害であるが、『性自命出』の好之情はこれに帰さない。

ている自然の性なのかもしれない。一般的には、人の「自然の性」は人の後天的に生まれる精神性と道徳理性に相対する。盧梭式の自然主義は人の自然的天性を美化し、荀子の天人相分を中心とした自然主義は自然の性を悪とし、それと相分する「人為」の礼義を善とする。人性が先天的「自然」から来る説には、孟子の「性善説」も自然人性論ではあるが、その「自然」は道徳化された「天」からきた「自然」であり、ストア主義の「理性的自然」に類似する。比較すると『性自命出』の「自然人性」は「善」の面も持ち「悪」の面も持ち複合的である。直接的な根拠としては、『性自命出』に「善不善、性也」とはっきりと明言してある。他に『性自命出』の「愛悪」の性には同様に有善、不善に分けられる。例えば、「七種」の愛（愛類七）において、唯一「性愛」が仁に近く、三種の悪（悪類三）においては、「悪不仁」だけが義に近いとされる。我々が『性自命出』は思孟学派だとするのは、それが性善的思想を持っていると考えているからかもしれない。それが孟子の性善説形成の先在要素となっていることを論拠にしているのである。しかし『性自命出』は「愛類七」、「悪類三」に対し全体的な説明はしておらず、後世に伝承された文献も見つからない。よって「性愛」、「悪不仁」を除き、他の六種類の愛と二種類の悪が何であるのかを我々は知ることができないのである。しかしある「愛悪」が道徳性を持っていると考えているのであれば、ある「愛悪」は道徳性がない、或いは「悪」であると推測できる。人性の「好悪」は、『楽記』が言うように「好悪無節於内、物誘於外」の状態であるとするならばそれ自体の自然状態或いは表現というのは「不善」の面は無い。『性自命出』はいくども「性」は「外物」に従い活動することを強調しており、客観的な影響において、「善不善」の性が「所善所不善」の結果を表すのである。『性自命出』に「未教而民恒、性善者也」とあるが、直感的にみると『性自命出』も性善説を主張していると思いかねない。しかし上述の内容と合わせて考えると、この言葉は「民性」には「善」の面があるが、民性が全て善というわけではないことを理解しなければならない。

世界中の異なる地域や歴史における人性論モデルの主なものは「性善説」或いは「性悪説」である。他にいろいろな折衷説があるが、中国の伝統文化はこの点においては実に豊富である。人は天使ではなく悪魔でもない。天使であり悪魔でもある。これは人類の人性に対する複雑な感情を反映している。『性自命出』は性善説でも性悪説でもなく、はっきりとしていない「善悪混合説」である。李学勤氏は『性自命出』1から36巻は楽を主に論じており、37から67巻は性情を主に論じており、一つの文章ではなく、1冊の本の内の独立した2篇であると考える。[1] これにより「性情論」と一致しないと意味付けることはできないが、両者が一致しないという考えは容易に成立する。しかし李零氏が指摘するように、同書上博『性情論』は章を分けるが篇を分けず、これにより郭店簡の『性自命出』は明らかに独立した二つの篇ではない。[2] もちろん李零氏を含めある学者たちは上下2篇を主張している。しかしもし上博簡が連抄、章分けをし篇分けをしていないならば、郭店簡が篇分けだとしても、上下2篇と限定してはいけない。

1 李学勤「郭店簡と〈楽記〉」『中国哲学の詮釈と発展 ―― 張岱年先生九十寿慶紀念論文集』、北京・北京大学出版社、1999年版、23―24ページ。
2 李零『郭店楚簡校読記』、北京・北京大学出版社、2002年版、116ページ。

梁涛氏は上下２篇分けから出発し、上篇の性は自然の性であり、下篇は道徳の性であると考える。それに相応し上篇の情は自然の性であり、下篇の性は道徳の情であり、また荀子の性情論は上篇に近く、孟子の人性論は下篇に近い。[1]これが本当であれば、『性自命出』の作者は前後の体系が高度に一致している（例えば全篇の一段目の初めに「凡」を使っているなど）同一の文章の中より、実質性な思想変化が発生したことが説明できる。作者に前後一貫したロジックと論理が欠如していない限りこの可能性はごくわずかである。

二　「感情」としての「情」の形態

「情」は『性自命出』において「性」と密接に関係するもう一つの中心概念であるが、それはいったい何を指すのか、研究者の考えはいくつかある。一つ目は『性自命出』の「情」と「性」を統一し、「性」は自然人性であるという考えのもとに、「情」は「性」が外在対象の作用のもと表現される喜怒哀楽等の感情である。これは陳来、梁涛、Susan Weld 等の考えである。[2]『性自命出』が「情」に対し非常に高い肯定的評価を与えたことにより、人々はさらに「真情」や道徳の感情から「情」を具体的に理解する

1　梁涛「竹簡〈性自命出〉と早期儒家心性論」、龐朴主編『古墓新知』、台北・台湾古籍出版有限公司、２００２年版。
2　陳来「荊門竹簡之〈性自命出〉篇初探」『中国哲学』第20集「郭店楚簡研究」、沈陽・遼寧教育出版社、１９９９年版。

ようになった。李澤厚、劉楽賢、李天虹らはこのように観察している。[1] Susan Weld、Michael Puett の『性自命出』の「情」に対する理解と翻訳はこれと類似する。しかし以上の二つの考えの違いは、丁四新は『性自命出』の「情」を「感情」と見做すことはできず、「質実」や「情実」としか見做すことはできないことを再三にわたり強調している。これに対し、彼は A.C.Graham と C.Hansen の先秦の「情」は「情実」との主張を引用し、その主張を拡大延長したのである。[2]

全面的な見方をすると、先秦の「情」の字は「情実」とその意味を狭めてはならない。[3] 丁四新氏は精力を尽くし自身の立論に対し多くの論証を提供したが、彼の『性自命出』さらには先秦の「情」を皆「情実」、「質実」とする主張はかなり無理があると言える。ここで及ぶ問題はその論証方法である。つまり先秦の「情」には「情実」や「信実」の意味はあるが、そこから先秦の「情」は「情実」、「信実」でしかないと推論することはできない。人には足が2本あるが、足が2本あれば全て人とは言えないのと同じである。一つの文字の本義から派生義までは変化と増加の結果であり、これこそ言語が豊富である表

1　李澤厚「初読郭店竹簡印象記要」『郭店竹簡と儒学研究』（『中国哲学』第21集）、沈陽・遼寧教育出版社、２０００年版。劉楽賢「〈性自命出〉と〈淮南子・繆称〉論〝情〟」『中国哲学史』２０００年第4期、26ページ。李天虹「〈性自命出〉と伝世先秦文献〝情〟字解詁」『中国哲学史』２００１年第3期、63ページ。

2　丁四新「論郭店楚簡〝情〟の内涵」『現代哲学』、２００３年第4期。〝郭店竹簡と孟学派〟座談会」『中国思想史研究通訊』、２００５年12月、総第8集、17ページ、28ページ。

3　「情」字の全体的な討論に関しては、余国藩「釈情」、李奭学訳、『中国文哲研究通訊』第11巻第3期、２０００年参照。

われである。ましてや「情」の字の構成は形声文字であり、その本義は「実」ではない。「実」はただの派生義の一つである。どうして先秦の「情」が「情実」、「質実」としか解釈できないのであろうか。同様に、「情」は「信」と「真実」を以て表現しなければならず、「偽」を以て表現してはいけない。反対に「情」自体が「信実」であるとしてもならない。その他、もしも「情」を「情実」とするならば、「情」の外延は「喜怒哀楽」等の感情ではなくなる。つまり「感情」を「情」の内包であるとすることでのみ、「喜怒哀楽」等を「情」の外延であるとすることができる。「喜怒哀楽」等は「感情」の異なる表現であり、「実」の異なる表現ではないからである。「実」の外延は「感情」の外延よりさらに大きい。厳密に言うと、「情実」、「信実」は先秦の「情」の字の一つの用法であり、このような用法は主に対象（主語）を述べるのに用いるのであり、描写されるのではない。或いは文法上において主に述語として用いるが主語としては用いない。『荘子』に「夫道有情有信」とあるように、「情」は「道」を描写している。『孟子』の「乃若其情、可以為善」、「物之不斉、物之情也」の「情」は「性」と「物」を描写している。しかし「情」を「感情」として用いるとなると少し異なる。それは先秦哲学、とくに儒、道、法哲学における重要な用語（例えば『礼記』、『荘子』、『管子』、『荀子』、『韓非子』などの文献）となる。特に『性自命出』の「情」は描写される主語である。「情」を「信」と表現し、「偽」と表現してはならないというのは「情」の一種の描写である。とにかく、「情」を「情実」と使うのは先秦子学文献の一種の用法であり、もう一つの重要な用法は「感情」である。『性自命出』を含む儒家の重要な概念であり、「性」、「心」、「欲」や「礼」、「楽」、「文」等と関連する「情」は総合的に人の感情を指しており、これは正しいと言える。

問題の根本は感情としての「情」はいったいどのような感情であり、これら「感情」と「道徳」の関係は何か、善であるのか悪であるのか、それ自体は直接的道徳価値を持つのか、或いは無善無悪の中性的存在であるのか。これらも『性自命出』の「情」を討論する際にははっきりとさせなければならない問題である。『性自命出』の「情」は感情だと断定するだけでは足りず、もう一歩進んだ問題は、それは無道徳的自然感情であるのか、または道徳性を持った感情であるのか、或いは両者を具えているのか。相違と分岐はここにある。梁涛は『性自命出』を上下2篇に分け、上篇の「情」は自然感情、下篇の「情」は道徳感情を指しているとし、これにより『性自命出』の「情」が何故異なるのかを説明しようとしている。人々が『性自命出』の「情」に興奮を覚えるのは、「情」が『性自命出』の作者の称賛を得たことである。それは漢代、明末哲学家が往々にして消極的意味における論情に差異を作った。しかし「情」が非道徳的自然感情だとすると、それは如何にして悪ではなく道徳性の善に発展するのか。これには「情」に対する調節と合理的運用の問題が存在する。

我々が「性」を討論する際に言うように、『性自命出』の「性」は、孟子の「性善説」、荀子の「性悪説」ではなく「性有善有悪論」である。重要な根拠の一つは上篇にある「善不善、性也」、二つ目は下篇の愛類七、悪類三であるが、その内の「性愛」と「悪不仁」は「近仁」、「近義」である。これにより、下篇の「未教而民恒、性善者也」は、人性の中の善の一面を強調しているのであり、人性全体が善であるとは言えない。同様に、『性自命出』の「情」も上篇が「自然感情」を主張しており、下篇が「道徳感情」を主張しているとは言えず、統一した人情論及びそれがことなる段階での展開なのである。このような統一性の「情」はまずその根源が性であることに表現される。その言い方を使うと、「情は性より生まれ」、「情は性より出でる」である。このような考えは『語叢二』の「情生於性」にも見られる。「生」と「出」は意味が近く、「情」は「性」から生まれることを説明している。これは『性自命出』の「情」の根源に対する統一された説明であり、「情性」の関係の分かれ目でもある。

先秦思想において、「性情」が続けて使われている例は少なくなく、両者には厳格な境界線がなく、性は情であり、情は性である。また「人情」もよく使われ、「人情」は「人性」である。『春秋左氏伝・昭公二十五年』に子産のこのような言葉が記載されている。

「天地之経、而民実則之。則天之明、因地之性、生其六気、用其五行。気為五味、発為五色、章為五声。淫則昏乱、民失其性……民有好悪、喜怒、哀楽，生於六気[1]」

1　ここで更に性、情、気統一の例をいくつか挙げる。『左伝・昭公二十五年』「民有好、喜怒、哀楽、生於六気、是故審則宜類、以制六志。哀有哭泣、楽有歌舞、喜有施舎、怒有戦闘。喜生於好、怒生於。是故審行信令、禍福賞罰、以制死生。生、好物也。死、物也。好物、楽也。物、哀也。哀楽不失、乃能協於天地之性、是以長久」。『逸周書・官人解』「民有五気、喜、怒、欲、惧、憂。……気誠於中、発形於外、民情不可隠」。『大戴礼記・文王官人』「民有五性、喜、怒、欲、惧、憂也…… 五気誠於中、発形於外、民情不隠也」

ここで言われている「好悪、喜怒、哀楽」は「天地」の「明」と「気」により生じるものである。「民失其性」という言葉によると、好悪、喜怒、哀楽は「民性」であり、当然「民情」ということもできる。『中庸』の冒頭に「天命之謂性」という「性」について述べたことばがある。さらに「喜、怒、哀、楽之未だ発せざるを中と謂う」とあり、これが「情」であるとは述べていない。前文を見ても「情」の字は使われておらず、よって喜怒哀楽の情は『中庸』において「性」であると理解できる。『礼記・楽記』には性の字、情の字どちらも使われており両者の区別には注目していない。例えば、「先王本之情性、稽之度数、制之礼義」、「夫民有血気心知之性、而無哀楽喜怒之常、応感起物而動」、「夫楽者楽也、人情之所不能免也」など、「性情」を合わせて使っているだけでなく、心と情も一致している。「楽者、音之所由生也、其本在人心之感於物也」、「凡音者、生人心者也。情動於中、故形於声」、「夫楽者楽也、人情之所不能免也」。黄老学と韓非子は「人情」を多く使うが、その「人情」は「人性」という意味である。荀子は「性」と「情」を区別しており、「性」は非人為的な先天的自然であることを強調し、「情」は「性」の材料或いは内容であるとする。例えば、「性者、天之就也。情者、性之質也」(『荀子・正名』)など。また荀子は「性之好悪喜怒哀楽、謂之情」(『荀子・正名』)や「形具而神生、好悪喜怒哀楽也、夫是之謂天情」(『荀子・天論』)など、性と情の関係はさらに相対化された。しかし未だ異なる面から「性」と「情」を区別している。『逸周書・度訓解第一』に「凡民生而有好有悪。小得其好則喜、大得其好則楽。小遭其悪則憂、大遭其悪則哀。凡民之所好悪、生物是好、死物是悪」とあり、『逸周書・文酌解』にも「民生而有欲、有悪、有楽、有哀、有徳、有則」とある。『性自命出』は荀子の前に比較的早い段階で「性」と「情」

を分けたのである。

『性自命出』において、「喜怒哀楽の気」と「好悪」はどちらも「性」に属する。上述の討論に従うと、これらも皆「情」と呼ぶことができる。『春秋左氏伝・昭公二十五年』に列挙された人の感情は6種類ある。好悪、喜怒、哀楽である。『中庸』には喜怒哀楽の4種類がある。『礼記・礼運』は「欲」を加え、「楽」が「惧」に代っており、喜怒哀惧愛悪欲の7種類を挙げている。『荘子』は「喜怒哀楽」四情を挙げ、『荀子』は「好悪喜怒哀楽」六情を挙げている。『性自命出』は「情生於性」、「情出於性」との論断をしているが、それは「性」から生じた「情」は何を含んでいるのかを明確に定義しておらず、『性自命出』は「情」が指すものについて注意していないことを説明している。いわゆる「性」が喜怒哀楽の気と愛悪を含んでいるのであれば、それにより生じる情も喜怒哀楽と愛悪等の面を含んでいると一般的に推論される。さらに、『性自命出』において「情」は「性」の外在的表現であり、性と情を、静動、内外、裏表、未発、既発などの相対関係と考えている。しかし我々はそれが『性自命出』自体の分類ではないことを理解している。「性」自体には自己の内外がある。例えば「及其見於外、則物取之也」のように。同様に、「情」にも自己の内外がある。「凡声其出於情也信」などがそれだ。『国語・晋語五』に「夫貌、情之華也。言、貌之機也。身為情、成於中。言、身之文也。言文而発之、合而後行、離則有釁」とある。『中庸』は「情」(「性」)の「未発」を「中」とし、「発」して節に合うことを「和」となすと言う。また『礼記・楽記』には「情動於中、故形於声、声成文、謂之音」とある。漢代の劉子政は性内情外、性陰情陽説を提唱している。『論衡・本性』は言う。

「劉子政曰、性、生而然者也、在於身而不発。情、接於物而然者也、出形於外。形外則謂之陽、不発者則謂之陰。夫子政之言、謂性在身而不発。情接於物、形出於外、故謂之陽。性不発、不与物接、故謂之陰」

『性自命出』の「情」には楽、悲、哀、奮等がある。

「凡至楽必悲、哭亦悲、皆至其情也」

「用情之至者、哀楽為甚」

「人之悦然可与和安者、不有夫奮作之情則侮」

この他、『性自命出』にある「喜」、「慍」、「憂」、「怒」など、「情」と直接関連していないが、「情」の範囲に属するとすることができるものがある。

「喜斯陶、陶斯奮、奮斯咏、咏斯猶、猶斯舞。舞、喜之終也。慍斯憂、憂斯戚、戚斯嘆、嘆斯辟、辟斯踊。踊、慍之終也」

「喜欲智而亡末、楽欲懌而有志、憂欲倹而毋惛、怒欲盈而毋希」

よって、『性自命出』が言及する人の感情は、喜、怒、哀、悲、愛、悪の他に、楽、憂、怒、慍などがある。先秦哲学が論じる人の感情はとても広く、人の精神的感情や、色食など人の本能的自然欲求も含いんでいる。『礼記・礼運』にある七情の中にも「欲」の項目がある。とりわけ『礼記・礼運』はまた専門的に人の欲と好悪を解釈している。「飲食男女、人之大欲存焉。死亡貧苦、人之大悪存焉。故欲悪者、心之大端也」。ただ異なる学派と人物により注目する面が異なるのである。荀子の人情論は、全体的にはとても広いが、まとめると喜怒哀楽愛悪「六情」であり、その「情」は当然精神性の一面もある。例えば『荀子・楽論』の

「且楽者、先王之所以飾喜也。軍旅鈇鉞者、先王之所以飾怒也。先王喜怒皆得其斉焉。是故喜而天下和之、怒而暴乱畏之」

しかし荀子は「礼」を用い調整した「情」は主に人の自然欲求――「情欲」に関係している。ここでいう「情欲」とは狭義の男女両性の情ではなく、人の全ての感性欲求である。

「人之情、食欲有芻豢、衣欲有文繍、行欲有輿馬、又欲夫余財蓄積之富也、然而窮年累世不知不足、是人之情也」（『荀子・栄辱』）

「性者、天之就也。情者、性之質也。欲者、情之応也。以所欲為可得而求之、情之所必不免也」(『荀子・正名』)

荀子は人の情欲は無限であると考え、尹文子の「情欲寡浅説」を批判している。『荀子・王覇』に「夫人之情、目欲綦色、耳欲綦声、口欲綦味、鼻欲綦臭、心欲綦佚。――此五綦者、人情之所必不免也」とある。黄老学が言う「人情」は主に利に向かい害を避けることや生を好み死を悪うことである。英語では情欲とその他肉体面の欲望を指す語彙はconcupiscenceである。Erosはプラトンの意味においては一般的に人の感性を超越した純粋な美的感覚の意味の情愛を指す。人の感情を指す言葉は英語で、emotion、Feelingがある。この二つの単語はどちらも外部対象と環境の刺激を受け引き起こる心理から表情までの衝動と先秦状態である。西洋哲学の主流な伝統において、両者は激情、情緒の同義語として、理性と対立するものだと考えられている。しかしプラトンにとって、感情は欲望と理性の間にある状態であり、情欲をコントロールし理性を助けることができ、情欲を助け理性と対抗することもできるのである。

『性自命出』が言及する「情」は感情、欲望の面が無いとは言えない。例えば、「目之好色、耳之楽声、郁陶之気也、人不難為之死」などである。「好色」は広義の意味での「美」に対する憧れや愛と理解してもよい。しかし適切な解釈をすると狭義の意味での「女色」を好むことである。衛霊公と彼の夫人南子が大通りで人目に付くよう歩いている時に、同行していた孔子が溜め息をつきこう言った、「吾未見好徳如好色者也」。この「好色」は衛霊公の「女色を好む」ことを言ったのである。『大学』に「好色」

という言葉があり、「好色」は「美色」を指す。『孟子・梁恵王下』に、斉宣王が自分の欠点の一つは「好色」だと言い、孟子はそれに対し直接批判はしておらず、自己の好色だけに満足するのではなく、天下の民衆を満足させるという基本的な要求「内無怨女、外無曠夫」を忘れないようにと注意しているだけである。「好色」は固定用語としては美色を好むということである。『性自命出』の好色もこの意味で使用されており、さらに人は美声の為に死ぬこともいとわないと指摘している。しかし『性自命出』が注目しているのは人の「情欲」の感情ではなく、人の精神、価値及び道徳意味における感情である。

道徳発展心理学の観点から見ると、感情には人の道徳行為を助け、人の道徳行為を促す作用がある。例えば、憤怒は人の非正義に対する対抗心を起こさせ（「疾悪如仇」）、同情心は他人が困難に遭ったときに手を差し伸べる心を持たせてくれる（楽以助人）。[1]『性自命出』の「情」自体から言うと、それは「性」と同じように順応性があり、異なる面を指す可能性がある。善を指すこともでき、不善を指すこともできる。これが「情」の自然体なのかもしれない。しかしそれ自体は善も不善でもなく、逆に言えば善に表現することも不善に表現することもできるのである。荀子が人情に対し出した明確な価値判断──「人情甚不美」は、先秦思想においては比較的少ないが、漢代ではあまりめずらしくなかった。[2] 先秦の「人

1　この方面に関しては、George F.Mclean、Richard T.Knowles編『道徳発展心理学』、方能御訳、台北・台湾商務印書館、1993年版、110─150ページ参考。

2　董仲舒は陰陽を以て情性を論じ、性を陽とし、情を陰としている。陽は陰を善くする。よって性は情を善くするので

情論」の多くは『礼記』のように、感情自体に対し価値判断をしておらず、如何にして礼義に合う行いをさせるかに重きを置いている。同様に、『性自命出』も「情」が如何にして理性と道徳に合わせ表現されるのかに注目をしている。

「始者近情、終者近義。知情者能出之、知義者能入之」

この二句は非常に重要で、感情と道義の関係を説明している。「情」は最初の純粋で自然な情である状態が「情」なのである。しかし義に導かれ最終的に義となる。感情のこの変化の過程には理性の作用が必要となる。感情は理性による導きが無ければ盲目であり、理性は感情の助けがなければ無力である。もしも一人の人間が感情を完全に理解することができれば適切にそれを表現することができ、感情を道義に向かわせることができる。道義を完全に理解することができれば、道義を自己の中に消化させ、「義」を感情の導き手とすることができるのである。『性自命出』はさらにこのように言っている。

「理其情而出入之、然後復以教、教所以生徳於中者也」

「君子美其情」

ある。『説文』の性と情の解釈もこの影響を受けている。「性」是「人之陰気、性善者也」。「情」是「人之陰気、有欲者也」。

これは感情を表に出すのと内におさめるのには（「出入」）理性（「理」）の導きが必要であり、教化により感情の中に道徳価値が生まれるのである。君子は自己の感情を美しいものへと昇華させることができる。これにより感情とは導かれ造られやっと善に達するものだということが説明できる。

感情と道、理、礼義の関係に関しては後ほど具体的に論じたいと思う。ここで強調したいのは、『性自命出』において感情自体は完成された道徳価値ではない。しかし次の『性自命出』の言葉は確かに「情」自体を直接的な道徳価値とする傾向がある。まず以下の文を見てみる。

「凡人情為可悦也。苟以其情、雖過不悪。不以其情、雖難不貴。苟有其情、雖未之為、斯人信之矣。未言而信、有美情者也」

確かに、この一文は人の真実の感情（「人情」）の貴さを肯定している。ここで言う「情」は「情実」と解釈してはいけず、依然として人の感情を指しているが、その旨は人の「真情」を強調しているところにある。劉昕嵐氏はこの部分の「情」を「情実」と解釈し[1]、「情実」を「真摯、誠実」と限定しており、「情実」が「真誠な内心」や「誠」といった意味に変化させた。「真心」と「真情」は確かに密接に関係

1　劉昕嵐「郭店楚簡〈性自命出〉篇箋釈」武漢大学中国文化研究院編『郭店楚簡国際学術研討会論文集』、武漢・湖北人民出版社、２０００年版、３４７ページ参考。

していれが、「心」と「情」が異なるものだとすると、「真心」と「真情」も自然と区別される。「真心」は主に人の真の思想、考慮、態度を指し、「真情」は主に人の真の感情や感覚を指す。『淮南子・繆称訓』に「凡行戴情、雖過無怨。不戴其情、雖忠来悪」とある。その「情」を高誘は「誠」即ち誠心誠意と註釈した。これは間違いではないが、正確さに欠ける。高誘は「戴」を「心所感」と註釈し、兪樾は「戴」が「載」と読むべきとした。これは兪樾の説が正しい。『淮南子・繆称訓』のこの段の前文には「情系於中、行形於外」との言葉があり、続けて

「同是声、而取信焉異、有諸情也。故心哀而歌不楽、心楽而歌不哭。夫子曰。弦則是也、其声非也。文者、所以接物也。情、系於中而欲発外者也。以文滅情則失情、以情滅文則失文。含而弗吐、在情而不萌者、未之聞也。……子曰。鈞是哭、……其哀則同、其所哀則異。故哀楽之襲人情也深矣。……其載情一也、施人則異矣。……凡人情、説其所苦即楽、失其所楽則哀、故知生之楽、必知死之哀」

前部の「戴（載）情」と後部の「情」はどちらも「内心の真実感情」を指している。『性自命出』の人情論は、特定の治者と民衆の関係を説明しているものではなく、[1]人に真の情があれば他人からの信頼

1　陳来のこの説は詳しい審査がまだであろう。陳来「荊門竹簡之〈性自命出〉篇初探」『中国哲学』第20集「郭店楚簡研究」、沈陽・遼寧教育出版社、1999年版、302ページ。

を勝ち得ることができることを言っている。その内の「未教而民恒」、「未賞而民勧」、「未刑而民畏」などは治者と民の関係に言及しているが、その後の「賤而民貴之、有徳之者也。貧而民聚焉、有道者也」などは、治者と民の関係について言っているのではない[1]。

『性自命出』は人情（真情）は「可悦」と言っており、上述の虚偽へ対する「可悪」と言う批判に相応する。人が虚偽を忌み嫌うのはそれが真の心、情に欠けており、道学者ぶって取り澄ましているところがある。これこそが人が何故小人と付き合ってでも偽の君子とはかかわりを持ちたくない理由でもある。『荘子・漁夫』篇に真心、親情に対する非常に分かりやすい説明がある。『性自命出』が何故「情を貴し」とするのかがこれにより理解できる。

「真者、精誠之至也。不精不誠、不能動人。故強哭者、雖悲不哀。強怒者、雖厳不威。強親者、雖笑不和。真悲無声而哀、真怒未発而威、真親未笑而和。真在内者、神動於外、是所以貴真也。其用於人理也、事親則慈孝、事君則忠貞、飲酒則歓楽、拠喪則悲哀。忠貞以功為主、飲酒以楽為主、拠喪以哀為主、事親以適為主。功成之美、無一其迹矣。事親以適、不論所以矣。飲酒以楽、不選其

1　彭林氏のこの段落に対する「情」、「過」及びその文意の理解和解釈は確切である。しかし彼は全体的にこの文献を子思学派の作品だとしがそうとは限らない。彭林氏「始者近情、終者近義――子思学派の礼に対する理論詮釈」『中国史研究』、２００１年第３期。

具矣。拠喪以哀、無問其礼矣。礼者、世俗之所為也。真者、所以受於天也、自然不可易也。故聖従法天貴真、不拘於俗」

儒家の「尚礼」は「情」の基礎の上に成り立ち、人の言行に内心の感情（悲哀など）がなく外在の「礼」的形式しかないというのも儒家が反対するところである。孔子は更に「無体の礼」を提唱し、感情の真実性を重視している。『性自命出』には「不以其情、雖難不貴」とあり、これは人の外在表現は内心の嘘偽りのない感情から欲したのでなければ、周到にもっともらしく振る舞っていても貴くはないという意味である。これは前文の「雖能其事、不以其心、不貴」と同じような道理である。道家は本来の状態や真実の様相に返えることを主張し、礼を拒否している。道家は「礼」の形式に拘り過ぎると虚偽に向ってしまうと考えている。『韓非子・解老』にも同じような主張がある。

「礼為情貌者也、文為質飾者也。夫君子取情而去貌、好質而悪飾。夫恃貌而論情者、其情悪也。須飾而論質者、其質衰也。何以論之？和氏之璧、不飾以五采。隋侯之珠、不飾以銀黄。其質至美、物不足以飾之。夫物之待飾而後行者、其質不美也。是以父子之間、其礼朴而不明、故曰理薄也。凡物不並盛、陰陽是也。理相奪予、威徳是也。実厚者貌薄、父子之礼是也。由是観之、礼繁者、実心衰也」

虚偽を忌み嫌うことと真情を尊ぶことは一つの事柄の二つの側面である。しかし『性自命出』は「感情」自体を完全に道徳化しているわけではない。『性自命出』は「情」と道徳価値である「信」を一緒くたに論じ、「信、情之方也」とし、「真情」だけが本当の信用を生むことができると強調している。「苟以其情、雖過不悪」という言葉は真情を以て接すれば度を越していたとしても悪だとは言えないことを強調している。例えば、家族を失った人が嘘偽りのない悲しみを表わしたならば、それが非常に行き過ぎであったとしても、「虚偽」の悲しみと比べると道徳的である。[1] 当然、儒家の情礼観に従うと嘘偽りのない感情であっても適切さが大事である。「哀而不傷、楽而不淫」とはこのことである。しかし、人の自然欲望の「真情」は、表現すればするほど道徳的ではなくなり、道徳とはこのような「真情」を節制する為の規範なのである。儒家の道徳、礼楽、人文強化の出発点はここにある。

1　この点においてアダム・スミスはこれと符号する説明をしている。「社会の人を団結させる内心感情の傾向、即ち仁愛、仁慈、天倫之情、友誼、尊敬の傾向が時々過度になる。そして、この過度の感情でも全ての人に好かれるのである。我々は過度な感情を咎めることもあるが、依然として同情さらには親切にそれを見守り嫌悪したりはしない。それに対する我々の感情の多くは憤怒ではなく遺憾である。多くの場合、この過度な感情を許す。直接この感情を生じる人自身から言うと、愉快であるだけでなく、面白みがあるのは（これはよくあることである）、このような感情を生じさせる人が本心からの苦悩を感じることである。（アダム・スミス『道徳情操論』、蒋自強、欽北愚等訳、北京・商務印書館、１９９７年版、３１５—３１６ページ）

三 「心」の異なる面とその関係

『性自命出』の「心」は多くの研究者が注目する重要な概念である。龐朴氏は「心」は人の積極的な活性的な力であるが、教化により形成されなければならないと考える。[1] 丁原植氏は「心」は「性」と「情」の間にあり両者を制約している積極的機能と自我の操作である。[2] 郭斉勇氏は「心」には三つの意味があると考える。血気感情の心、道徳意志の心、そして両者を介する思慮の心である。[3] まさに『性自命出』の「性」と「情」を一つに定義付けできないように（特に善であるか悪であるか）、「心」も多面的な思考が必要なのである。『性自命出』の「心」に対する考えは一致した考えがなく結論が出せない。例えば「心無定志」や「凡心有志也」など、両者に矛盾がないとするとその合理的な解釈は何であろうか？また「雖能其事、不能其心、不貴」や、続けて「求其心有偽也、弗得之也」と言っている。前者は自己の行為を支配する真の心を強調し、後者は「心」は「偽有り」を認めている。両者は統一することができるのだ

1 龐朴「孔孟之間——郭店楚簡における儒家の心性説」姜広輝主編『郭店楚簡研究』（『中国哲学』第20集）、沈陽・遼寧教育出版社、1999年版、31—33ページ。
2 丁原植「楚簡儒家佚籍の性情説」謝維揚、朱渊清主編『新出土文献と古代文明研究』、上海・上海大学出版社、2004年版、236—238ページ。
3 郭斉勇「郭店楚簡〈性自命出〉の心術観」『安徽大学学報』（哲学社会科学版）、2000年、第24巻第5期。

ろうか？『性自命出』は最後に「君子身以為主心」と提唱しておりこれを理解するのは非常に困難である。まず第一にこの分は極めて特殊なものであり、第二に身体の良い言行を用い心の端正を表現しており、この方法は非常に珍しい。なぜなら「心」は一般的に身体とその言行を主導するからである。そのため、陳偉は「主」を「守」と解釈した。その説明として、君子の肢体容貌はその心を中心として回りながら運行しているとしている。[1]「心」を理解する際に直面するこれらの問題に対しては一歩ずつ考えていかなければならない。

『性自命出』の「心」は一見すると前後不一致の感が否めない。この不一致は「性」と「情」において表される。上下二篇または独立した篇を使い思想の差異を解釈することは便利ではあるが、上博簡によりこの考えの成立は非常に難しくなった。よって文献自体からその複雑性を考慮しなければならない。この点において、郭斉勇氏の考えは一見の価値がある。ただ、郭斉勇氏は心の数種類の意味の関係が何であるか、並行的なのか前後関係があるのかなどは説明していない。『性自命出』の「心」は「性」や「情」と交錯し入り混じっており、「性」は「心」の純粋な「性」を離れず、「情」は「心」の純然な「情」を離れない。例えば、「哀、楽、其性相近也、是故其心不遠」。この文において、人の哀楽感情、本性、魂と密接に繋がっている。しかし「心」と「性」、「情」が並列な存在であれば、心は性と情が取って代わ

1　陳偉「郭店簡書〈性自命出〉校釈」謝維揚、朱淵清主編『新出土文献と古代文明研究』、上海・上海大学出版社、2004年版、200ページ。

ることができないそれ自体の特性を持つこととなる。

まず『性自命出』の「心術」の概念に着目しよう。この概念は『礼記』、『墨子』、『管子』、『荘子』、『荀子』において用例がある。「心術」概念の出現と使用は、古代哲学にすでに「心」を思考の複雑な対象として認識していたことが説明できる。その他の事物は心の思考と把握の対象として心の中に入るが、しかし人の「心」に対する思考と把握は「心」自体を自己の思考の対象とする。「心」の字の起源はとても早く、古代の中国人が心臓器官の形状から造り出した象形文字である。古代の人々は人の知覚、意識、思考は全て心の活動であると信じていた。[1]「心」は常に様々な事物や対象と向き合い認識、思考を行っており、心が自身を対象として思考、認識するのは比較的遅い。心はまず外に向かう。その後ゆっくりと内に向かい自己に関心を持ち始める。「心術」の概念の出現は古代の「心」が自己に向き合い思考する意識が新たな段階に達したことを意味する。『性自命出』が確かに孔子の後学の徒による作品であるならば、「心術」概念を用いたのは比較的早いことになる。『礼記・楽記』も孔子の後学の徒の作品だとするならば、この二か所の「心術」概念は孔子の後学の徒の段階であろう。

『性自命出』と『礼記』の心に対する言説は『孟子』、『管子』四編、『荀子』における「心論」と明らかな違いがある。池田知久氏は「心」の主体を尺度とし、『孟子』の言う「心」は耳、目、鼻、口等と

---

1 「心」という字の起源と初期の使用情況については劉翔『中国伝統価値観詮釈学』、上海・上海三聯書店、1996年版、199—200ページ参照。

並列的であり、大体と小体に区別され、良知、良能の心と「その大を立てる」ことの重要性を強調しているが、その他感官に対し主導性のない「一官」であると考える。しかし『管子』「四編」、特に『荀子』は、心とその他の感官がそれぞれその職分や機能があると認めると同時に、「心」がその他感官に対し主導性と支配性を持つと考え、「主体性」のある心を確立した。[1] 池田知久氏は『五行』を孟子、荀子の後に出現した作品だと見做し、よって五行の「心」はその他感官を支配する主体性思考となり、自然と出現も遅くなる。しかしこの考えに頼らなければ、『五行』を子思及びその継承者の作品と見做せば、作中の「心」の主体性思考は『管子』「四編」や『荀子』よりも早くなる。[2]『礼記』において、心はその他感官と並列であるという意識はすでに存在している。「使耳目鼻口心知百体、皆由順正以行其義」。(『楽記』)、「是故、先王之孝也、色不忘乎目、声不絶乎耳、心志耆欲不忘乎心」(『祭義』)、郭店竹簡『語叢（一）』にも「容色、目司也。声、耳司也。嗅、鼻司也。味、口司也。気、容司也。志、心司」とある。しかし『性自命出』も「心術」の概念を使用し、「心」を思考対象とする意識の拡大を明らかにしているが、「心」

1　池田知久『馬王堆漢墓帛書五行研究』、王啓発訳、北京・線装書局、中国社会科学出版社、２００５年版、１１２―１１８ページ。
2　竹簡本『五行』に「耳目鼻口手足六者、心之所役也。心曰唯、莫敢不唯。（心曰）諾、莫敢不諾。（心曰）進、莫敢不進。（心曰）後、莫敢不後。（心曰）深、莫敢不深。（心曰）浅、莫敢不浅」がある。帛書『五行』には「心曰後、莫敢不後。心曰深、莫敢不深」の部分がない。

を人の器官の一つとしてその他感官と並列にし、その機能をそれぞれ分述する描写は無い（全文中に一か所だけ「目之好色、耳之楽声」とあるが、「心」と比較しての文言ではない）。さらに「心」がその他感官を支配しているという考えも明確に提示してはいない。

しかし「君子身以為主心」（上博簡にはこの文はない）の考えは心身を同列に論じ、心と身両者の関係問題を確かに提示したと言える。この文の真の意味を把握するために、二つの角度から考察してみたい。一つは上述の分との関係、もう一つはそれ自身の構成。この文は郭店竹簡の最後の第67簡にあり、これと一緒に編連されたのは合わせて5簡、第62簡から第66簡である。この7簡から構成され、同様に「凡」の文字で始まる以下の分においてこう言っている。

「凡憂患之事欲任、楽事欲後。身欲静而毋羨、慮欲渊而毋偽、行欲勇而必至、貌欲庄而毋伐、心欲柔斉而泊、喜欲智而亡末、楽欲懌而有志、憂欲倹而毋惛、怒欲盈而毋希、進欲遜而毋巧、退欲速而毋軽、欲皆度而毋偽。[1]君子執志必有夫光光之心、出言必有夫柬柬之信。賓客之礼必有夫斉斉之容、祭祀之礼必有夫斉斉之敬、居喪必有夫恋恋之哀。君子身以為主心[2]」

1　上下文みな「…欲…而」の句式であり、この句は「欲柔斉而泊」同様完全に同じではなく、完璧でもない。一字補わなければならない。

2　上博本『性情論』のこの段落と郭店本を比べると文句上に比較的大きな差異がある。「凡身欲静而毋動、用心欲徳而毋□、

この段落の分は疑問点が残るが、基本的な意味ははっきりしている。つまり人の行為、真理、感情、挙止、礼儀など多方面から如何にして表現すれば適切であり合理的であるかに対し要求しているのである。この実践要求を人の身体的な表現とすれば、その身体的表現はみな意識ある人の心によって導かれなければならない。人の言行においてその意志、意識、選択を体現しないものはなく、身体的活動は当然心の活動と関連する。これにより、「君子身以為主心」を身体的表現を用い自己の心を「端正」すると理解することは難しい（「主」もそのような意味ではない）[1]。反対に、心によって自己の身体活動（言行）を指導及び統率すると理解でき、言い換えれば心に自己の身体を支配させるのである。これは儒家の基本的立場である。『礼記・緇衣』で孔子はこのように言っている。「心庄則体舒、心粛則容敬。心好之、

慮欲渊而毋偽、退欲粛而毋軽、（進）欲随而又有礼、言欲直而毋流、居拠欲逸而毋曼。君子執志必有夫注注之心、出言必有夫柬柬（之信）、賓客之礼必有夫斉斉之容、祭祀之礼必有夫済済之敬、居喪必有夫恋恋之哀」（この部分の釈文は李零『上博楚簡校読記』、北京・中国人民大学出版社、２００７年版を参考とした）その中では感情表現上の理性化尺度は言われていないが、人の言行、心身及び礼儀に対して出した要求は大体同じである。それは「君子身以為主心」という言葉がないため、比較することができない。

1　李零、劉昕嵐、郭斉勇らはみな「身以為主心」を「身主心」と解釈している。李零『郭店楚簡校読記』、北京・北京大学出版社、２００２年版、１１９ページ。劉昕嵐「郭店楚簡〈性自命出〉篇箋釈」武漢大学中国文化研究院編『郭店楚簡国際学術研討会論文集』、武漢・湖北人民出版社、２０００年版、３５３―３５４ページ。郭斉勇「郭店楚簡〈性自命出〉的心術観」『安徽大学学報』（哲学社会科学版）、２０００年、第24巻第5期、52ページ参考。

身必安之」。心が身に対する主導的意識を『管子・心術上』の「君之在国都、若心之在身体也」、『荀子・解蔽』の「心者、形之君也」、『淮南子・精神訓』の「心者、形之主也」と結びつけると容易に理解できるようになる。「君子身以為主心」の構成自体から見ると、「身以為主心」はすなわち「以身為主心」である。「主心」は「主導心」ではなく「主於心」、「為心所主導」であろう。『左傳・哀公二十六年』の「四方以為主」と『荘子・天下』篇の「請欲置之以為主」は、「○○以為主○○」のような文法とは違う。「君子身以為主心」は、君子は身体に心の導きを受け入れさせるという意味であり、これは心の主体性の一種の表現である。[1]

「心」の主体性は『性自命出』の「心物」関係と「心志」において一歩進んだ表現がある。『性自命出』において、「好悪、性也。所好所悪物」というように「性」が好むあるいは嫌う対象は物である。人において言うと、「性」は物を対象化し好悪を加える。しかし物から見ると物自体に人の性を刺激し影響を与える作用がある。「喜怒哀悲之気、性也。及其見於外、物取之也」。「凡性為主、物取之也」。「凡動性者、物也」。これは『礼記・楽記』の考えに似ている。「夫民有血気心知之性、而無哀楽喜怒之常、応感起物而動」。「物」とは何か。これに対し『性自命出』には専門的な見解がある。「凡見者之謂物」。「見」

1 〔英〕フライヤーが翻訳した（美）Henry Wood『治心免病法』（Ideal Suggestion Through Mental Photography）『序』に「身心」関係に関する「心器身以行意、是以心為身主」もここでの説明になる。本書は上海格致書堂から発売された。光緒二十二年（1896年）版。

は目の持つ機能である視覚のことである。凡そ目で見ることができる有形有色のものはみな物である。しかし「性」の「物」に対する好悪と物が性に対する刺激及び感動の具体的な動機は「心」の機能と活動である。人の性と外物の関係は、過程と発生の動機から言うと「心物関係」なのである。『性自命出』にこうある。

「凡人雖有性、心無定志、待物而後作」

「金石之有声、弗扣不鳴。人之雖有性、心弗取不出」

初めの句は「心」には決まった傾向と意向がなく、その傾向と意向は外物と出会った時に現れると言っている。二句目は人の性情は、もし心の願望と作用がなければ現れないことを言っている。以上の「性物関係」から「心物関係」より『性自命出』の「心」は「物」に対する反応であることが分かる。それは性が物に対する反応と同じように、一種の本能の感性反応である（『礼記』「血気心知」に類似する）。「心」は「物」に対し主導性に欠け、「心」の反応は「物」により起こり、物により終わる。基本的に物に順ずるのである。『性自命出』が純朴な「心」と「心情」の真心からでる自然な表現（親族を失った時の悲しみのような）に対し善の価値を与えたことにより、人に対するこのような心の反応自体は自然的であり感性的であるがこれは善でもある。『性自命出』は言う。

「雖能其事、不能其心、不貴。求其心有偽、弗得之也。人之不以偽也、可知也」

これは『性自命出』の人性論、人心論の複雑な部分であり、我々が何故銃士のように自然の人の性、情、心を一概に悪と見做すことができない原因でもある。

もう一つの面は、『性自命出』は心の物に対する自然反応を全て良いものとせずこの反応を放任しない。儒家道徳哲学が処理及び解決しなければならない重要な問題の一つは、如何にして心が物に左右されず自主性を保ち続けるか、如何にして身体や物と調和及び平衡関係を保ち続けるかである。儒家の考えでは、人が一度物に左右または制限されると争いや混乱を引き起こし、人が人としての尊厳と意義を失うのである。『礼記・楽記』は合理的な推論によりこの道理を説明している。

「人生而静、天之性也。感於物而動、性之欲也。物至知知、然後好悪形焉。好悪無節於内、知誘於外、不能反躬、天理滅矣。夫物之感人無窮、而人之好悪無節、則是物至而人化物也。人化物也者、滅天理而窮人欲者也。於是有悖逆詐偽之心、有淫泆作乱之事。是故、強者脅弱、衆者暴寡、知者詐愚、勇者苦怯、疾病不養、老幼孤独不得其所、此大乱之道也」

『性自命出』は「不過十挙、其心必在焉」と言うように、人の間違った行動には心の作用があることを認めている。孟子の性善説は「心善説」とも言える。しかし孟子の理論において心には「本心」を失う、または「放其心」の欠点がある。荀子が孟子の性善説を批判する理由の一つは、人の性が自己の善良な本性を失うのであれば、人の性自体が善ではないからである。孟子は本心を失うことを人の後天的な過失だと結論付けている。また本心を取り戻すのも人の後天的努力によるものだとしている。とするならば、本心を失うのは心であり、「放心」を求めるのも心が必要となる。『孟子・告子上』には、「孔子曰、操則存、舍則亡、出入無時、莫知其郷。惟心之謂与!」と記載がある。『性自命出』において、「心無定志」に相対するのは「心有志」である。「心有志」とはその言行が自己の願望、意志による自主的な選択であり、内心で賛成できないことは受け入れられないのである。『性自命出』には「君子執志必有夫広広之心」とあり、「広広」の隷定によると、「広広之心」はその志の拡大であり、「執志」と合わせると意味が通らない。上博本『性情論』では、この二文字は「注注」と隷定されている。「注」の意味は「専注」であり、「注注之心」は一心不乱の様子を意味し[1]、「執志」の意味と合っている。本来固定された願望や志向がない心は、どのよう一転志のある心になるのか。これは学習、教育及び強化の作用である。『性自命出』には、

「牛生而長、雁生而、其性使然、人而学或使之也」

1　馬承源氏主編『上海博物館藏戦国楚竹書（一）』、上海・上海古籍出版社、2001年版、260—261ページ。

「凡物無不異也者。剛之樹也、剛取之也。柔之約（也）[1]、柔取之也。四海之内、其性一也。其用心各異、教使然也」

この二段の文から『性自命出』は自然な「人性」や自然な「心」と教育や学習を通して確立した自主的な心は二つの世界と見做していることが分かる。一方は自然的人性と心の世界であり、もう一方は人為化した後の「心」の世界であり、学習と強化の過程により培われた後天的な徳である。これは『性自命出』は人の自然的な真心の表現を支持し、同時に不安定な人の心を理性的な天地に導いていることを説明している。ここには孔子の「性相近、習相遠」の影響が反映されており、孔子のこの言葉を理解する助けにもなる。自然的な人性の相近しは誇るに値しない。人を本当の人と至らしめるのは後天的な学習により得るその人の特性である。学習と強化は孔子の人文主義の法門であり、『性自命出』は学習と教育の目的を次のように述べている。

「有為也者之謂故。……習也者、有以習其性也」

「教所以生徳於中者也」

1　上下の文句式を基にするとここに「也」字を補わなければならない。

「無定志」の「心」は環境の影響を受けやすく、人を善或いは悪に向かわせる（「所善所不善、勢也」）。しかし学習と強化を通し形成された道徳願望と志向は、人を環境から独立させ、自主的に自己の道徳選択と行為を決定させるのである。これはまさに『黄帝四経・称』にある「心之所欲則志歸之。志之所欲則力歸之」なのであろう。儒家によると学習と強化はその礼楽と人文理念を以て展開する。『性自命出』の学習、強化及び修練すべき性、情、心はどのようにして道や礼楽人文と交じり合うのだろうか。この問題に対しては次の章で論じる必要がある。

四　「道」と「礼」、「楽」

初期の儒家において、「道」の概念は確かに道家のそれのように奥深くて捕えがたいものではない。荀子は道を人類の領域に限定し、道とは人道であり、人に関連する人為的礼楽人文であると考えている。荀子は「道者、非天之道、非地之道、人之所以道也」と言う（『荀子・儒効』）。荀子は天人相分の理論により人為的なものと自然的なものを分け、これにより人道と天道の間に価値観における内在関連を持つことはなくなったのである。これは荀子が孔子や孟子と主張を異にするところである。孔子や孟子においては、天命や天道は人道とある種の上下の繫がりがあるからである。『性自命出』では道の形而上の意味は微弱である。『性自命出』の「道者、群物之道也」は「道」の延長にたいする説明である。「群」とは則ち「衆」であり、群物は衆物である。これは一般的に言われる万物に類似している。もし『性自命出』の道に万物を包括する意味があれば非常に普通であると言える。例えそうであっても『性自命出』が形上の万物の道に注目しているとは言えず、文中の「所為道者四、唯人道為可道也」からも伺える。この言葉は荀子の言葉を思わせる。

荀子は三つの道を挙げている。「天道」、「地道」、「人道」である。『性自命出』には四種類あるが、作中では人道しか言及しておらず、他の三種類が何であるかは言っていない。池田知久氏と趙建偉は「道四術」とは「天道」、「地道」、「人道」、「鬼道」であると考える。[1] 李零氏は上下の文を根拠に、「道四術」とは心術、詩、書そして礼楽である。[2] 陳麗桂は『礼記・王制』の「楽正崇四術、立四教、順先王『詩』、『書』、『礼』、『楽』以造士。春秋教以『礼』、『楽』，冬夏教以『詩』、『書』」を根拠に、「四術」とは詩、書、礼、楽であると考える。[3] 劉昕はこの四種の道術は『尊徳義』における「民之道」、「水之道」、「馬之道」そして「地之道」であるとする。[4]『尊徳義』は「莫不有道焉、人道為近。是以君子、人道之取先」と言い、人道を

1 池田知久「郭店楚簡〈性自命出〉における「道の四術」『池田知久簡帛研究論集』、曹峰氏訳、北京・中華書局、2006年版、283―286ページ。趙建偉『郭店竹簡〈忠信之道〉、〈性自命出〉校釈』、『中国哲学史』、1999年第2期。
2 李零『郭店楚簡校読記』、北京・北京大学出版社、2002年版、119ページ。
3 陳麗桂「〈性情論〉説道」上海大学古代文明研究中心、清華大学思想文化編『上博館藏戦国楚竹書研究』、上海・上海書店出版社、2002年版、146―148ページ。
4 劉昕嵐「郭店楚簡〈性自命出〉篇箋釈」武漢大学中国文化研究院編『郭店楚簡国際学術研討会論文集』、武漢・湖北人民出版社、2000年版、335ページ。

優先的に考える。「四種の道」という言い方は珍しく、『性自命出』のものとは言い難い。「所為道者四」と別の場所で言われる「道四術、唯人道為可道也」が指すのは同じであろう。[1]「道者四」、「道四術」は一体何を指すのか、更に考察する必要がある。比較すると李零氏の解釈が受け入れやすいであろう。李零は「心術」と「人道」とし、よって「唯人道為可道」が理解しやすいだけでなく、「其三術者、道之而已」も容易に解釈できるのである。道の四術において、「心術」だけが指導に使うことができ、その他三術の詩、書、礼楽の学習と運用はみな心術の導きが必要である。儒家において、人の道及び人道が包括する内容は多く、詩、書、礼楽も人道の内に含まれる。もし『性自命出』の人道が心術を指すのであれば、非常に特殊な用法と言える。『性自命出』は人道の意味を縮小し、同時に「道」の意味の縮小している。「道四術」或いは「道者四」は「道」を「人道」の総称としている。これは天道、地道及び鬼道、或いはその他の道は全て『性自命出』が関心を持つ事柄ではなく、『性自命出』が関心を持つのは人文の道だけであることを説明している。『性自命出』は「其先後之舍、則義道也」、「其治、義道也」、「智類五、唯義道尊近忠」など、いくつかの部分で「義道」を使っている。用例によると、「義道」(「正義の道」)も

1　「天道」、「地道」、「人道」や「鬼道」の初期の出典は『周易・謙卦彖伝』に見られる。また漢墓馬王堆帛書『繆和』にも見られる。『中庸』に「君子之道四」がある。「君子之道四、丘未能一焉。所求乎子、以事父、未能也。所求乎臣、以事君、未能也。所求乎弟、以事兄、未能也。所求乎朋友、先施之、未能也」。しかし『性自命出』の「四道」ではなさそうだ。

人道と関係している。
上述したように、儒家の価値と理想は一般的に天や天命、天道と繋がりがある。これは『中庸』と『楽記』においても見受けられる。

「誠者、天之道也。思誠者、人之道也」[1]（『中庸』）

「楽者、天地之和也。礼者、天地之序也」[2]（『礼記・楽記』）

しかし『性自命出』には人道及び礼が天或いは天の秩序を反映するような説明はない。「道始於情」という命題は初期の儒家文献には見られず、『性自命出』が提唱した道と人の感情が密接に関係した非常に興味深い論題である。「道」という普遍的な範囲を使用したことにより、この論題を見ると道と人とはこんなにも近く親密であるかのように感じさせる。加えて「真情」への肯定により我々が更に初期

1 『孟子・離婁上』は『中庸』のこの部分を少し変えて引用している。「是故、誠者、天之道也。思誠者、人之道也」。
2 このような考えは『左伝・昭公二十五年』が記載する子産が礼について語った話の中にある。子産は礼を天之経、地之義と見做し、人は天地の性に従い礼を創造したと考える。「子大叔見趙簡子、簡子問揖譲、周旋之礼焉。対曰、是儀也、非礼也。簡子曰、敢問、何謂礼？対曰、吉也聞諸先大夫子産曰、夫礼、天之経也、地之義也、民之行也。天地之経、而民実則之。……簡子曰、甚哉、礼之大也！対曰、礼、上下之紀、天地之経緯也、民之所以生也、是以先王尚之。故人之能自曲直以赴礼者、謂之成人。大、不亦宜乎！」

の儒家の「道」と人情の本当の関係の考察を促進する。儒家の道は天、天命、天道と繋がっており、必ず人道において落ち着くのである。それは孔子の言うように、

「子曰。道不遠人。人之為道而遠人、不可以為道」（『中庸』）

「道不遠人」は『性自命出』においては「道不離情」である。『性自命出』が「道」を人道に限定しているため、「道始於情」はつまり「人道始於情」となる、更に具体的な意味において礼は情を源とし礼は人の感情によって創作されるのである（「礼作出情」）。「礼」を「情」と結合させる考え方は郭店竹簡の『語叢（一）』と『語叢（二）』にも見受けられる。

「礼因人之情而為之、善理而後楽生」（『語叢（一）』）

「情生於性、礼生於情」（『語叢（二）』）

『礼記』において、我々が見ることができる類似の表現は『坊記』にある「礼者、因人之情而為之節文」『礼運』の「礼義以為器、人情以為田」である。「礼生於情」及び「礼因人情」は厳格には違いがない。修辞においては「生」或いは「出」は「因」より更に礼本来の意味が表されているが、基本的な思考に

おいてどちらも人類が「礼」を作った根拠と依拠が何であるかを説明する必要がある。[1]これら命題からは、儒家の礼と情の間にどのような密接な関係があるのかが分からず、反対に直感的には融和である。しかし儒家の「礼」は常に道家の批判を受けており、儒家の礼は反人情的或いは人情を束縛するものであるという。『性自命出』において、情を本とする道と礼は、反情論と帰結することはできないであろう。

「情」について論じた時に『性自命出』は確かに「貴真情」の傾向があると指摘した。「道始於情」、「礼生於情」もそのような傾向が含まれていると言わざるを得ない。「情」の多維性と多向性、逆情と順情、反情と楽情が具体的に指していることは異なる。大きな傾向から見ると、人情に対しては異なる哲学は異なる考えと処理方法がある。両極的な禁止と放任の他、折衷的な調和である。異なる宗教伝統や哲学、倫理学において禁欲主義と反禁欲主義の対立が存在している。初期の中国哲学伝統において、道家の自然主義には荘子式の無情、順情、楊朱式の反禁欲等の形態がある。黄老学は法律による統治が最も有効であると信じ、法律に適合する人情に基づく好悪、これを「順情派」と呼べるのである。初期の儒家は人情に対し、基本的に「調和論」を主張している。これは完全な順情でも逆情でもなく、順情でもあり逆情でもある。情の表現が一定の度合いに手起動していなければならず、中庸の条件に従い多くても少なくてもいけない。「人情不美」と考える『荀子』でさえも性情の抑制ではなく、「礼」を以て情性を調

1 司馬遷は人の「性情」によって作られた「礼楽」は三代以来の大伝統であると指摘する。「太史公曰、観三代損益、乃知縁人情而制礼、依人性而作儀、其所由来尚矣」(『史記・礼書』)

節することを強調している。「礼」の基本的意義は「養」にあるのであり、それにより人の性情は基本的な満足を得られるのである。『性自命出』は道と礼は情より生じると考え、人の性情により成り立ち、同時に「真情」を肯定している。その為「道」と「礼」は順情でもあり節情でもあるのである。

これは儒家が人文と人道を創立した目的に関わってくる。『性自命出』は「有為」という言葉を使用し、『詩』、『書』、『礼』、『楽』は全て人の「有為」の結果であると考えていることを説明している。

「『詩』、『書』、『礼』、『楽』、其始出皆生於人。『詩』、有為為之也。『書』、有為言之也。『礼』、『楽』、有為挙之也」

「有為」という用語は、『礼記』の『壇公』と『曾子問』篇にも見られる。一つは有子が使用したもので「喪欲速貧、死欲速朽」は「夫子有為言之也」とのことである。二つ目は孔子が老子の言葉「吾聞諸老聃曰、昔者魯公伯禽有為為之也」を引用し子夏の「金革之事無辟也者、非与」という質問に答えた部分である。一つ目の用例の「有為」は「誰に対して言った」（恒司馬に対し言った）という意味である。二つ目の用例は「原因がある」（伯禽喪畢為王事而征）と言う意味である。『性自命出』が使用している「有為」は更に抽象的であり一般化されている。その意味は「目的、意志、原因がある」という意味である。『性自命出』が「有為」に対し付けた定義は「有為者之謂故」である。『説文』は「故」を「使為之也」と解釈している。段玉裁はこれに「今俗云原故是也。凡為之必有使之也、使之而為之、則成故事矣」と註釈している。『尚書・大禹謨』に「刑故無小」とある。その『注』には「故、有意為之也」とある。『礼記・檀公下』に子游の「礼有微情者、有以故興物者」という言葉が記載されている。孫希旦『礼記集解』（上）は「故」の解釈として「謂有為為之也」と解釈している。[1]「故」と「有為」は相互に定義付けることができ、ある事柄に従事する動機と目的のことを指している。[2] 儒家において、「六経」はそれぞれ異なる主旨を含み体現している。前後の文で各経典の意味を符号化しようとしており、[3]『性自命出』には『詩』、『書』、『礼』、『楽』のみ列挙され、また『礼』、『楽』を一緒にして論じている。「『詩』『書』『礼』『楽』、其始出皆生於人」とあるように、それらは総じて人の目的と意図の産物である。それぞれを分けてみると、『詩』は目的があり抜粋されており（為之）、『書』は目的があり言論されており（言之）、『礼』『楽』は目的があり表現されている（挙之）。『性自命出』において、儒家の最高の理想人格である「聖人」は経典の創作者としてただ一度しか出現していない。聖人の有為とは何か、如何にして経典を創作したのかについて、『性自命出』は以下のように説明している。

1　孫希旦『礼記集解』（上）、北京・中華書局、1989年版、271ページ。

2　「故」の複雑な意味については裘錫圭「由郭店簡〈性自命出〉的〝室性者故也〟説到〈孟子〉的〝天下之言性也〟章」裘錫圭『中国出土古文献十講』、上海・復旦大学出版社、2004年版、263―267ページ参考。

3　この点に関しては王中江『視域変化中的中国人文和思想世界』、鄭州・中州古籍出版社、2005年版、42―45ページ参考。

「聖人比其類而論会之、観其先後而逆順之、体其義而節度之、理其情而出入之、然後復以教。……礼作於情、或興之也。当事因方而制之、其先後之序則義道也。又序為之節、則文也。致容貌所以文、節也」

以上より聖人による人文、礼楽の創作は、人類及び社会においての各種関係の観察、比較、体験、整理により提唱されてものであることが分かる。それは道徳原則（義道）や規範を表し、人が内在的魂から挙止言行まで全て人道と礼楽の基準に適合し、判断力や節操がある優雅な生活を送れるようになることを目的としている。これが聖人の有為なのである。このような聖人の有為と人の性情関係は、上述のように単純な従順或いは抑制であるはずがなく、順応及び調和のどちらも取れた二重メカニズムなのである。

儒家において、人道としての礼楽は一方で人の感情に順応、表現、満足するためである。例えば『礼記・楽記』に「夫楽者楽也、人情之所不能免也」とあるように、再三にわたり音楽は人の感情に必要なものであり、音楽鑑賞は人の情の天性の愛好であると強調している。『礼記・喪服』は言う「凡礼之大体、体天地、法四時、則陰陽、順人情、故謂之礼」。儒家音楽を批判する墨子でさえも音楽が人の感情を満足させるために必要な機能であることを認めている。しかし墨子において、音楽は贅沢なものであり、特に儒家の音楽は社会資源を多く投入しなければならず、人々の切迫した需要を解決することができないとしている。子学において、荀子は墨子の「非楽」に対し綿密な反批判をした人物である。『荀子・

楽論』の初めに、音楽の機能に対する十分な認識を基に墨子の「非楽」は音楽を止めることができないと指摘している。

「夫楽者、楽也、人情之所必不免也。故人不能無楽、楽則必発於声音、形於動静。而人之道、声音、動静、性術之変尽是矣。故人不能不楽、楽則不能無形、形而不為道、則不能無乱。先王悪其乱也、故制雅、頌之声以道之、使其声足以楽而不流，使其文足以辨而不諰、使其曲直、繁省、廉肉、節奏足以感動人之善心、使夫邪汚之気無由得接焉。是先王立楽之方也、而墨子非之、奈何！」[1]

古代の人は「声」と「音」を区別していた。「声」は普通の声音、「音」は音楽である。『礼記・楽記』は「人心之動、物使之然也。感於物而動、故形於声。声相応，故生変。変成方、謂之音。比音而楽之、及幹戚羽旄謂之楽」。また「情動於中、故形於声。声成文、謂之音」と言う。『性自命出』では「声」は一般的な声音と音楽の音どちらも指している。この点において『楽記』とは異なる。これは音楽に対する理解が厳格ではないことを説明している。『楽記』と比較し、『楽記』の作者と『性自命出』の作者は同一人物である可能性があると推測する者もいるが、その根拠の一つに、『性自命出』は音楽が人の感情に与

1　荀子は墨子の先王非楽の観点を批判した。「墨子曰、楽者、聖王之所非也、而儒者為之、過也。君子以為不然。楽者、聖王之所楽也、而可以善民心、其感人深、其移風易俗、故先王導之以礼楽而民和睦」（『荀子・楽論』）

える感染、陶冶の作用の認識がある。

「凡声、其出於情也信、然後其入撥人之心也厚。聞笑声、則鮮如也斯喜。聞歌謠、則陶如也斯奮。聽琴瑟之声、則悸如也斯嘆。観『賚』、『武』、則斉如也斯作。観『韶』、『夏』、則勉如也斯斂。咏思而動心、喟如也、其居次也久、其反善復始也慎、其出入也順、始其徳也。鄭衛之楽、則非声而従之也。凡古楽和心、益楽和指[1]、皆教其人者也。『賚』、『武』楽取、『韶』、『夏』楽情」

人の心と感情に対する音楽の激励と感化の作用の『性自命出』の説明について、一つは一般的角度から論じており、もう一つは古典音楽、つまり当時一般的に言われていた古楽、正音、雅音の『賚』『武』及び『韶』『夏』より論じている。『賚』『武』はどちらも武王が商を討伐したことを讃える歌舞楽章『大武』の二つの部分である。その歌詞は『詩・周頌』に残され[2]、楽章は遂巡戦国時代にはまだ残っていたとい

1 「和心」、「和指」の元の釈文は「龍」であり、李零は動と読み、李学勤は「和」と詠んだ。『性情論』釈文で濮茅左は「隆」と読んでいる。「和」との読みはこれを特徴としている。ここではこれに従う。『呂氏春秋・適音』「故楽之勢在於和心、和心在於行適」

2 他に『詩・周頌』の『酌』、『桓』、『般』も『大武』の楽歌の一部と考えられる。「酌」は「勺」である。「若舞則勺」（『礼記・燕礼』）。鄭注「『勺』、頌篇、告成大武之楽歌也。万舞而奏而之、所以美王侯、勧有功也」。

う。『韶』『夏』はそれぞれ舜禹時代の楽曲である。『性自命出』の概括によると、『賚』『武』は正義が悪に打ち勝つ激情を悦ぶものであり、『韶』『夏』は清明の世を享受する喜びを表している。『性自命出』の楽教論に発生する分岐の一つは、「鄭衛の音」に対しては肯定か否定かということである。これは鄭衛の音に対する儒家の一般的な立場にも及ぶ。「鄭衛の音」は「新楽」とも呼ばれ、通俗や流行音楽に似ている。上層社会や王侯においても好まれ、春秋時代の後の社会風俗の変化は音楽にあることを反映している。魏文侯は古楽観賞と鄭衛新楽の明確な感じ方の違いを深い体験をもとに説明している。『礼記・楽記』の記載にこうある。

「魏文侯問於子夏曰。吾端冕而聴古楽、則唯恐臥。聴鄭衛之音、則不知倦。敢問古楽之如彼何也？新楽之如此何也？子夏対曰。今夫古楽、進旅退旅、和正以広、弦匏笙簧、会守拊鼓、始奏以文、復乱以武、治乱以相、訊疾以雅。君子於是語、於是道古、修身及家、平均天下。此古楽之発也。今夫新楽、進俯退俯、奸声以濫、溺而不止、及優侏儒、獶雑子女、不知父子、楽終不可以語、不可以道古、此新楽之発也。今君之所問者楽也、所好者音也。夫楽者、与音相近而不同」

子夏は率直に魏文侯が好きなのは「溺音」であると言っている。文侯も如何にして「溺音」が生じるかを聞いている。[1] 子夏が批判するように、孔子から始まり儒家は「鄭声」を痛烈に批判している。「鄭衛の音」は風紀を乱し良俗を損なう低俗な淫楽であると見做されている。[2]『性自命出』は「鄭衛の声」に対してどのような態度であるか。具体的には「鄭衛之楽、則非声而従之也。凡古楽動心、益楽動指、皆教其人者也」という文に表われている。この文の解釈に対しても、一つの解釈はこの文を二つに分け、「非声而従之」は鄭衛の楽に対する批判であると考え、後ろの文の古楽と益楽は、良い音楽が人に対する教化作用を言っている。[3] この解釈の良い所は儒教楽教の伝統に合う所であるが、「古楽」と「益楽」が異なる問題について注意せず、「古楽」を「益楽」であると考える。もう一つの解釈はこの二つの句からなる文は結合されると考え、「古楽」に相対するのは「淫楽」であると考える。「益」は「溢」であり「淫」に通じ、「指」は「嗜」に通じる。となると、「淫楽」も人を教化する作用がある。この解釈の優れた点は、「古楽」と「益楽」が異なるという問題を解決し、「益」を「溢」と読み、「溢楽」つまり「淫楽」及び「新楽」であるとする点である。「古楽隆心、溢楽隆指」、つまり古楽は人心に深く入り込み、溢楽

1 「文侯曰。敢問溺音何従出也?子夏対曰。鄭音好濫淫志、宋音燕女溺志、衛音趨数煩志、斉音敖辟喬志、此四者皆淫於色而害於徳、是以祭祀弗用也」(『礼記・楽記』)

2 『礼記・楽説』「鄭衛之音、乱世之音也、比於慢矣」。『荀子・楽論』「姚冶之容、鄭衛之音、使人之心淫。紳、端、章甫、舞韶歌武、使人之心荘。故君子耳不聴淫声、目不視邪色、口不出言、此三者、君子慎之」。

3 王博はこの説を持っている。劉昕嵐「郭店楚簡〈性自命出〉篇箋釈」武漢大学中国文化研究院編『郭店楚簡国際学術研討会論文集』、武漢・湖北人民出版社、２０００年版、３３９ページ。

は衆人の攻撃の的であり激しく非難される。この解釈は比較的信頼できる。古楽と益楽が相対しており、儒家が新楽を批判する伝統にも合っているからである。そうでないとすると『性自命出』は古楽を肯定し、新楽も認めていると言わざるを得ない。

儒家の人道と礼楽教化は人情に基づき、人情に順応するものであることを説明した。それが満足しようとする人の感情の需要は人の好悪に合っている。『大学』に「民之所好好之、民之所悪悪之、此之謂民之父母」。「好人之所悪、悪人之所好、是謂拂人之性、菑必逮夫身」とあるように。しかし同時に無視できないのは、儒家の礼楽教化は情性の調節であり、更には「人情」の過度な表われを制限し、性情の表現を適当で適度なものにするのである。『管子・内業』に非常に良い言い方がある。

「凡人之生也、必以平正。所以失之、必以喜怒憂患、是故止怒莫若詩、去憂莫若楽、節楽莫若礼、守礼莫若敬、守敬莫若静、内静外敬、能反其性、性将大定」

儒家が理想とする文質、情文、情礼の関係は、ちょうど結合と平衡にあり、文が質に勝る、または質が分に勝る状態は、儒家にとっては肯定できない状態である。『荀子・礼論』に曰く

「礼者、以財物為用、以貴賤為文、以多少為異、以隆殺為要。文理繁、情用省、是礼之隆也。文理省、情用繁、是礼之殺也。文理、情用相為内外表里、並行而雑、是礼之中流也」

同様に、『性自命出』も「理情」を求め、「当事因方而制之、其先後之序則宜道也」と言っている。全ての文明において、所謂「情」が人の情欲及び欲望を含んでいるならば、個別的非禁欲主義者を除き、一般的な立場ではみな調整及び制限を主張する。これはまさに道徳と宗教の機能である。

第3章　簡帛『五行』篇の「悳」概念

他の儒家簡帛文献と比較すると、簡帛『五行』篇の特徴の一つは、[1] その構成が明確な相対する概念により造られているということだ。『五行』が提唱した斬新な思想はこの構成においても現れている。『五行』篇の思想に対する全体的な探索は既に多く行っているため、[2] ここでは単独で「悳」という概念について

1　簡帛『五行』の釈文に関しては、馬王堆漢墓帛書整理チーム『馬王堆漢墓帛書（壹）』（北京・文物出版社、1974年版）と荊門市博物館編『郭店楚墓竹簡』、北京・文物出版社、1998年版）がある。簡帛『五行』文献の研究に関しては、主に龐朴『竹帛〈五行〉篇校注及研究』（台北・万巻楼図書有限公司、2000年版）。李零『郭店楚簡校読記』（北京・北京大学出版社、2002年版）。魏啓鵬『簡帛文献〈五行〉箋証』（北京・中華書局、2005年版）。池田知久『馬王堆漢墓帛書五行研究』（王啓発訳、北京・中国社会科学出版社、線装書局、2005年版）。齋木哲郎『五行・九主・明君・德聖』（東京・株式公社東方書店、2007年版）がある。馬王堆帛書『五行』に経があり説もある。郭店竹簡『五行』に経があり説がない。帛書『五行』と簡本『五行』は経文において差異はあるが、基本的には一致している。ここでの討論は、主に竹簡本『五行』に依り、帛書『五行』の『説』と合わせて進めている。

1　『五行』篇の思想の全体的な討論に関しては、龐朴『竹帛〈五行〉篇校注及研究』（台北・万巻楼図書有限公司、2000年版）、魏啓鵬『簡帛文南〈五行〉箋証』（北京・中華書局、2005年版）、陳来『竹帛〈五行〉と簡帛研究』（北

いて論じたいと思う。主な理由として『五行』の「悳」に対する定義は確かに特別であり、「悳」に与えた新しい意味について専門的に探る必要があるからである。まとめると、『五行』篇は「悳」に四つの面の意味を与えた。第一は、「善行」と区別した状況で「悳」は魂における「養成」と「修練」の「内在品格」であり、自然に外部に表われる「悳行」でもある。第二に、四つの善行の調和、統一といった「善」と区別した状況にて、「悳」は内から外への五種類の行為の調和や統一と見做された。第三は、「和」より「同」を経て到達する「善」と区別された上で、「悳」は「和」より「楽」を経て到達するものであると見做された。第四は、人の秩序や価値である「人道」と区別された上で、「悳」は超越的な秩序や価値である「天道」と見做された。初期の儒道の「徳」の概念の変遷の中で『五行』篇のこのような「悳」概念は非常にはっきりとした特徴を持っている。これにより初期思想史において重要な立場を占めることとなった。これに対し一つ一つ論じてみよう。

一　「悳」――「悳行」と心の育成

『五行』開頭の言葉は非常に人目を引く言葉である。その中の一つが「仁義礼智聖」の「形於内」である。

京・三聯書店、２００９年版）、梁涛『郭店竹簡と思孟学派』（北京・中国人民大学出版社、２００８年版）等を参考。

非常に早い起源を持つ五種類の自然（金木水火土）の「五」とは異なり、また後に生まれた五種類の道徳価値（仁義礼智信）の「五」とも異なる。『五行』の「仁義礼智聖」を「五」とする考えは斬新であるが[1]、さらに斬新なのは、「仁義礼智聖」という五者の「形於内」を以て「悳之行」し、「仁義礼智」の四者を「不形於内」することを「行」と呼んでいるのである。「五行」と「四行」の「行」自体は統一した用法であり、どちらも良い行いのことであろう。ただ、「五行」は「悳之行」、即ち「道徳品行」であり、「四行」の「行」は、「善行」を指している。どちらも良い行いのことであるが、異なる点もある。一般的に良い行いは善良な行いであり、同時に道徳的行為でもあるため、この区別は混乱を与える可能性がある。『五行』篇のような区別はその他の文献では見られず、非常に独特な使い方である。『五行』は真の道徳行為は内心から発し具体的結果を持つ行為であることを強調している。仮に外在的善の行為を行っても、内在道徳意志に基づかない、或いは内心から発していない行為は『五行』においては道徳的行為とは言えないのである。簡単に言うと、『五行』は道徳的動機と道徳的行為が完全に統一しているのである。しかし簡帛『五行』篇が要求する「動機」は一般的に言われる動機とも異なる。一般的な「動機」は、それが一時的であれ持続的であれ内心から発していればよいのだが、『五行』が求める道徳的「動機」は、一時的なものではなく、「習性」にも似た持続的動機である。これが『五行』における「形於内」

1 『孟子』にこれと近い用法があるが、それは後のことであり、この影響を受けて生じたものである。また孟子が主に語っているのは「四端」である。

の内面化の道徳心である。

黄俊杰、斎木哲郎らは仁義礼智聖という五種類の悳の行ないを天から与えられるものとしている。よって、彼らは「形於内」の「形」を、人の心に於いてこれらの先天的本性を自覚的に体現する或いは実現することであると解釈している。[1] 池田知久氏は「悳」を先天的自然性なものであるとし、「形於内」を人の内在に自然に形成されるものだと解釈している。この二つの解釈の区別は、前者は悳を先天的なものだと認めているが、それを表に表さなくてはならず、それを「形於内」だとしている。後者は「形於内」を先天的に人の内在に形成されるものであると解釈している。「悳」の超越的根源問題に関しては、後ほど論じるとしよう。ここで指摘する必要があるのは、彼らが過度に「悳之行」の先天的自然性と形於内の関係に拘っているという点である。

「形於内」自体においてそれが直接伝えたいことは、仁義礼智聖という「五者」は如何にして我々の内心の中で「習性」となるのかである。私は「形於内」の「形」を「養成」や「修練」と解釈した方が適切であると考える。「戒心形於内、則容貌動於外矣」（『管子・君臣下』）や、「好悪形於心、百姓化於下」（『管子・立政』）、「有諸内必形諸外」（『孟子・告子下』）のように、「形」には「形成」の意味がありその「形」は内心における「形成」であり外にも表われ出るのである。『五行』の「形於内」の「形」も「形成」

1　黄俊杰「馬王堆帛書〈五行篇〉〝形於内〟の意涵」（『孟子思想史論』、台北・東大図書公司、1991年版）、齋木哲郎『五行篇』（『五行・九主・明君・德聖』、東京・株式公社東方書店、2007年版）。

を指しており、入れ替えると「形成於内心」となる。「形成」は人の意志作用の結果であり、よって「養成」と意訳することもできる。もしも「天」と結びつければ「天生人成」と言える。黄俊杰氏は古代書籍における「形」はよく内から外に向かって表われることに使用されることを指摘しており、また、内心における「形成」にも使われる。しかしやはり「形於内」を内に表われると解釈している。[1]黄氏は天から与えられたものは自己がすでに持っているものであり、「形成」と解釈すると既に持っていることと矛盾すると考えてしまうことを心配しているのではないだろうか。表われると解釈することで、すでに持っているものをはっきりと示すという意味が表現できるのである。

黄氏の心配は当然理解できるが、もしも元々すでに持っているものを潜在的な可能性とし、すでに成り立っており後は表すだけとしないのであれば、「形於内」の「形」を「形成」と解釈した方がよいのではないだろうか。実際に、潜在的可能性と現実的な実現や形成の間には大きな距離がある。語学の勉強がいい例である。小さな子供は先天的に言語面での潜在能力があるが、言語を運用するには後天的な勉強と練習が必要である。技能など別の面での能力も先天的素質の作用は確かに有るが、やはり同様に後天的な練習を積んで初めて「形成」されるのである。道徳面での自覚や能力の形成もこれと比較すると、はやり学習、練習によって技能における定型のような後天的「習性」にしなければならない。こう

1　黄俊杰「馬王堆帛書〈五行篇〉〝形於内〟の意涵」『孟子思想史論』、台北・東大図書公司、1991年版、507—508ページ。

いった意味では、私はジャン・ピアジェの発生的認識論に賛成しており、彼の自動における道徳判断形成に対する考えには同意できる。[1] 人の内心にある「道徳意識」を「常態」にし、道徳行為を一種の習慣性動作にするのは簡単なことではない。最も心を配り徳性を修練していた顔回でさえも、孔子によると数か月「不違仁」をなせるだけであり、他の人については言うまでもないであろう。[2] 孟子は「善養吾浩然之気」と言い、絶対に諦めない「意志（志）」と「修養（養）」で四十歳にしてやっと「不動心」に到達したのである。

「夫志、気之帥也。気、体之充也。夫志至焉、気次焉。故曰。持其志、無暴其気。既曰。志至焉、気次焉。又曰。持其志、無暴其気者、何也？曰。志壹則動気、気壹則動志也。今有蹶者趨者、是気也、而反動其心。敢問夫子悪乎長？曰。我知言、我善養吾浩然之気」（『孟子・公孫丑上』）[3]

1　ピアジェ（Jean Piaget）『発生認識論原理』（王憲鈿等訳、胡世襄等校、北京・商務印書館、１９９７年版）。ピアジェ『児童の道徳判断』（傅統先、陸有詮訳、済南・山東教育出版社、１９８４年版）。

2　「子曰。回也、其心三月不違仁、其余則日月至焉而已矣」（『論語・衛也』）

3　「故苟得其養、無物不長。苟失其養、無物不消。孔子曰、操則存、舍則亡。出入無時、莫知其郷。惟心之謂与」（『孟子・告子上』）

儒家思想において、人性の主な目標は自我を完全にし道徳人格を確立させることである。一生を懸けこの為に尽力し道徳修練を行うのである。これについて儒家には多くの説明がある。『五行』篇が「形於内」を提唱したのは「仁義礼智聖」という五種類の基本的価値を人の心の中において確立させるためである。「形成」、「養成」、「習得」等の類似する用語を用いなければその含義は表せない。

『五行』の「形於内」を内心の「養成」や「習得」と解釈しているもう一つの重要な根拠は、『五行』が提唱している修練方法が「形於内」と密接に関係しているからである。[1] その一つは、『五行』において、「悳」は道徳保持と一途な内心の結果である。人の道徳観はその主体に一つ一つ発生する願望であり、その人の道徳保持はずっと追い求め継続している道徳的情熱と志向である。前者は孔子の「我欲仁、斯仁至矣」（『論語』）に似ており、人の一時の道徳衝動である。後者は孔子の「三軍可以奪帥、匹夫不可奪志」（『論語』）に似ており、人が養っている道徳と志向である。主体がその道徳衝動と意識を堅持していればそれを道徳信念と志向に転化することができる。儒家の「志」という概念は、この面の意味を上手く表している。人が一時あるものを欲するのは一般的な意欲である。「志」は人が継続して持っている。

1　黄俊杰、池田知久が論及したように『五行』篇は道徳修練と拡張を非常に重視している。池田知久「作者の〝五行〟之端緒を拡張する方法、手段の思想は多くの面に及んでおり占めている比重がとても大きく、非常に細かい。極論すると『五行』の全篇はほとんど全て端緒の拡充の方法、手段を述べていると言ってもよい」（池田知久『馬王堆漢墓帛書五行研究』、王啓発訳、北京・中国社会科学出版社、線装書局、2005年版、77ページ）

いる渇望、願い並びに行動し実現しようとする強烈な思いである。孔子は「志於道」と言っている。「道」を長期的に追求する目標の志向としている。孔子にとっては、もし人に「恒心」がなければ巫医になることもできないという。それより更に高い境地、つまり道徳的人格の形成は言うまでもない。これと似たように、『五行』篇の「志」、「為一」及び「心君」が表現しているのも主体の道徳自覚と志向である
――士有志於君子道、謂之志士。善弗為亡近、悳弗志不成、智弗思不得。

この言葉によると、士の目的は「志於君子道」であり、「悳」は「志向」を通し養い実現しなければならない。これこそが『五行』の『説』における「不忘者、不忘其所思也、聖之結於心者也」である。「結於心」はすなわち「牢固地凝聚在心中」である。一挙に為せることではなく、果てしなく長い「堅持」の過程であることが分かる。「心君」とは他の感官（「耳目鼻口手足六者」）に対する心の支配性及び主導性である。

「耳目鼻口手足六者、心之役也。心曰唯、莫敢不唯。諾、莫敢不諾。進、莫敢不進。後、莫敢不後。深、莫敢不深。浅、莫敢不浅」

ここで言う「心」は単純に器官としての意味を超えてその意味は道徳信念の心志へと転化している。
東周思想において、「心」の概念はその他感官と並行し思考機能を持つ器官から、その他感官に対し支

配性及び主導生を持つ「心志」への変化を経て、[1]『五行』の「心」はこの新しい段階にある。その他、『管子』四篇における「心」とその後の『荀子』の「心」がある。帛書『五行』の『説』は以下のような具体的説明をしている。

「心也者、悦仁義者也。此数体者皆有悦也、而六者為心役、何也?曰。心貴也。有天下之美声色於此、不義、則不聴弗視也。有天下之美臭味於此、不義、則弗求弗食也。居而不間尊長者、不義、則弗為之矣。何居?曰。幾不(勝)□、小不勝大、賤不勝貴也哉。故曰。心之役也」[2]

「心」とその他感官はお互い共鳴する中で作用し、「心」は常にその他感官に対し指導性の作用をきたしている。つまり感官は始終「心」の意識の下でその作用を発揮しているのである。さらに細かく考えると、心はなにも感官だけと支配関係が生じているのではない。これがいいあれがいいと騒ぐのも、「意識」が思考上の選択と決断を行っているのである。「心」がその他感官をコントロール及び支配してい

1　金谷治『心の中の心――中国古代心理説の展開』(『金谷治中国思想研究論集』中巻『儒家と道家思想』、東京・平中出版社、1997年版、355ページ)。
2　『尸子・貴言』篇に似たような話がある。「目之所美、心以為不義、弗敢視也。口之所甘、心以為不義、弗敢食也。耳之所楽、心以為不義、弗敢聴也。身之所安、心以為不義、弗敢服也。然則令於天下而行、禁焉而止者、心也。故曰、心者、身之君也」。

るというのは、実際には意識によって別の意識をコントロール及び支配しているということになる。道徳心の感官に対する支配も、「心」のその他意識と欲求に対する放棄なのである。とするならば、「心之所役」、「心貴」は一方では心の感官に対する支配であり、もう一方では道徳心志が魂の中のその他意識に対する克服と支配なのである。『五行』は『詩・曾風・鳲鳩』篇の「鳲鳩在桑、其子七兮。淑人君子、其儀一兮」を「能為一、然後能為君子、慎其独也」と解釈し、「君子之為悳也、有与始、無与終也」と言っている。その内の「能為一」、「慎其独」、「無与終」ははっきりと道徳を養うには一途に絶えず休まず孝行することが必要であると説明している。『五行』が提唱した「思」と「進」はこれと相関している如何にして悳を養うかという説明と一組の概念である。「思」は動詞としては思考、思慮や思念、思慕の意味がある。『五行』が「思」を仁、智、聖の価値と結びつけた時、提唱する「仁之思」、「智之思」、「聖之思」の特徴である「精」、「長」、「軽」は一般的な「思慮」の思ではなくなり、「形則仁」、「形則智」、「形則聖」の起点としての「思」となる。「思」で始まり「形」で終わるこの絶え間ない向上の過程を『五行』は「進」を用いて表している。

「君子集大成。能進之為君子、弗能進也、各止於其里」

『五行』は「進」の異なる方法として次のように提唱している。

「目而知之謂之進之、喩而知之謂之進之、辟而知之謂之進之、鐖而知之、天也。上帝臨汝、毋弐尓心、此之謂也」

『五行』の「進」は「進歩」、「向上」という意味である。『論語・子罕』に「譬如為山、未成一簣。止、吾止也！譬如平地、雖覆一簣。進、吾往也」という孔子の言葉が記載されているが、この内の「進」と、『荀子・天論』の「君子敬其在己者而慕其在於天者、是以日進也」で使われている「進」はどちらも「進歩」、「向上」という意味である。帛書『五行』の説は「進」と「積」と解釈しており、この解釈は真に迫っていると言える。

「譬而知之、謂之進之」。弗譬也、譬則知之矣、知之則進耳。譬丘之与山也、丘之所以不□名山者、不積也。舜有仁、我亦有仁、而不如舜之仁、不積也。舜有義、而我亦有義、而不如舜之義、不積也。譬比之而知吾所以不如舜、進耳」

『老子』には継続した積み重ねにより大業を成就させる思想があり、「道徳」も同じ事である。「夫唯嗇、是謂早服。早服謂之重積徳。重積徳則無不克」。（五十九章）には孔子の「進」を引用した言葉があり、積み重ねの思想を表している。初期の儒学において、荀子は積み重ねに非常に注目している。荀子において、一般的な自然事物の形成及び人の身における成功は積み重ねに依るものであり、道徳の修養も絶え間ない積み重ねに依らなければならない。

「積土成山、風雨興焉。積水成淵、蛟龍生焉。積善成徳、而神明自得、聖心備焉。故不積跬歩、無以至千里。不積小流、無以成江海。……『詩』曰。尸鳩在桑、其子七兮。淑人君子、其儀一兮。其儀一兮、心如結兮」。故君子結於一也。……為善不積邪、安有不聞者乎！……真積力久則入、学至乎没而後止也」（『荀子・勧学』）[1]

とにかく、『五行』の「形於内」が強調するのは、人の内心の自覚及び修練を経て五種の「悳行」を養うことであり、これこそが『徳聖』篇が言う「五行形、徳心起」なのである。

初めに指摘したように、『五行』は「仁義礼智聖」や「形於内」をもって「悳」を論じている。これは初期の儒学においては他の文献には見られない非常に斬新な方法である。これは「心」と直接関係する「徳」の概念が発展した結果である。「徳」の字の起源と意味に関する討論において[2]、主な分岐点は「徳」の字の原型が人の外的行為なのか、人の内心的活動なのかである。ある研究者は人の外的行為からの解

1　「積善而全尽謂之聖人、彼求之而後得、為之而後成、積之而後高、尽之而後聖。故聖人也者、人之所積也。（『荀子・儒效』）

2　鄭開は形音義の三つの面から研究者の「徳」に対する考釈を整理している。鄭開『徳礼之間——前諸子時期的思想史』、北京・三聯書店、2009年版、43—64ページ参照。

釈に偏り、王者の省事と関係あると考える者もいれば、最初は宗教儀式と関係あり、人が一心不乱に神を仰ぐ様子と考える者もいる。[1] 別の研究者は「徳」の字は最初「心」と関係しており、「得於心」、「省心」、「心循」、「正心」という意味であると考える。[2] この二種類の解釈の差ははっきりとしている。『説文』には二つの異なる字形と説明があり、一つは「徳」であり、これは「昇」という意味であるとし、一つは「悳」であり、これは「外得於人、内得於己也」という意味であるという。「徳」の対外行為と対内的心はどのような関係なのだろうか。小倉芳彦氏によると、元々王者または諸侯の省事の「徳」が、戦国以降に二つの基本傾向に変遷したという。一つは内面化、抽象化。もう一つは「得」への接近である。

前者に関しては、「徳」と「行」を分離させ、徳を行為発動の内面要素とすることから始まり、さらに人が人たる「徳」に為り、人に限定しない内在能力の「徳」と見做される。[3]

---

1 小倉芳彦『〈左伝〉における覇と徳──「徳」概念の形成と発展』(『日本学者研究中国史論著選訳、思想宗教』第七巻、劉俊文主編、許洋注等訳、北京・中華書局、1993年版、10―15ページ)、蒙羅『「徳」概念の起源』(蒙羅『初期中国「人」の観念』、荘国雄、陶黎銘訳、上海・上海古籍出版社、1994年版、189―208ページ)

2 劉翔『中国伝統価値観詮釈学』、上海・上海三聯書店、1996年版、90―95ページ。劉翔は「徳」字には二つの主な造形があると考える。一つは従心従、もう一つは従直従心である。後者は前者の変形で、実際は同じ構成である。(同上、92ページ)

3 小倉芳彦『〈左伝〉における覇と徳──「徳」概念の形成と発展』(『日本学者研究中国史論著選訳、思想宗教』第7巻、劉俊文主編、許洋注等訳、北京・中華書局、1993年版、17ページ。

陳来氏は、西周以来の「徳目」は多いが、その大部分が「徳行」を指しており、「徳」の観念は内在化していないと強調している。[1]この変遷の解釈とは異なるが、劉翔氏は反対に「徳」の字の本義は『説文』にある「内得於己」のように、元々は心性を正し自我の反省を指していると考える。「直」の字の最初の造形は「挙目正視」を指している。『説文』は「直」を「正視」と解釈している。西周中期以後の金文『師望鼎』にある「克明厥心、哲厥徳」の「心」と「徳」は相応し、内心の修養と明徳を強調している。外在的行為の「徳行」の「徳」は内心的活動を経て発展し生じるものである。

我々は「徳」の変遷を如何にして見ればよいのであろうか。私は「徳」の構成と造字の本義は内心的意識及び活動であると考える。『尚書』においては「心」と「徳」は相互補完的に使用される。例えば『尚書・康誥』の「朕心朕徳、惟乃（汝知）」や「用康乃心、顧乃徳」。『左傳・昭公二十四』に『尚書』を引用してこのように言っている。「『大誓』曰、紂有億兆夷人、亦有離徳。余有乱臣十人、同心同徳。此周所以興也。君其務徳、無患無人」。[2]郭店竹簡の「徳」は皆「悳」と書いてあり、従「直」従「心」の

1　陳来『竹帛〈五行〉と簡帛研究』、北京・三聯書店、2009年版、126ページ。

2　『国語・晋語四』の「同姓同徳同心」は、血縁性のものと徳を結び付け、徳の由来を説明している。「黄帝以姫水成、炎帝以姜水成。成而異徳、故黄帝為姫、炎帝為姜、二帝用師以相済也、異徳之故也。異姓則異徳、異徳則異類。異類雖近、男女相及、以生民也。同姓則同徳、同徳則同心、同心則同志。同志雖遠、男女不相及、畏黩敬也。黩則生怨、怨乱毓災、災毓滅姓。是故娶妻避其同姓、畏乱災也。故異徳合姓、同徳合義」。

構成を保持している。しかしその本義は展開されておらず、反対に外在行為としての「徳行」と表現するのが流行っていた。推測するならば、これは当時まだ「天」の力が強大すぎて、人はそこから解放されておらず、その主体性、特に内在的自我も自ずと十分に自覚できていなかった。よって、初期の「徳」の変遷は「徳行」の「徳」から「内心の徳」の過程とは言えず、元々の「内心の徳」が後に十分な発展を得たのである。

我々はどのように『五行』の「形於内」の「悳之行」の思想上の立場を考慮すればいいのか。全体的に、『五行』の「悳之行」は内と外の統一であるが、「悳」の内在性により重きを置いている。とすると、まず発展するのは元々の「直心」の「悳」であり、これは戦国以来の「内心」の徳性及び「外」と相対する内在の心の修練、強調に注目する傾向と一致する。これにより「徳」の内面性が大きく強化された。例えば『荘子』は『老子』の広義の「事物之徳」を発展させ、「徳」と「心」を結びつけた。『管子』も同様に。『五行』において、「悳」の内と中心の概念はそれ自体が統一された構成である。元々の「徳」は心を「直之」及び「正之」するが、客観的な外在の「天」、「天命」はさらに注目された。人は様々な方法（宗教儀式を含む）と徳行で「天」の支持を受ける状況において、内在的魂の「徳」は副次的な面に降下された。孔子はこのような伝統を受け入れ、「仁」の価値を発展させ、一定の程度において「内心」問題及び道徳の主体性に着目したが、内面性から「悳」の概念を明確にはしておらず、「心」という概念にも着目していない。しかしその弟子たちはこのような状況を変え、郭店竹簡における「徳」はみな「悳」と書かれ、「心」、「性」、「情」の思想も増えてきた。『五行』は「形於内」により「悳之行」をするが、これはまさにこのような変遷の表われであり、またこのような「悳之行」は「正心」、「直心」の心理活動と意識を固定された内在の「習性」へと変え、「仁義礼智聖」を魂の常態とするのである。

二　「悳」と「和」及び「楽」

『五行』は「悳」に新しい意味を与えた。五種の「悳之行」の「和」を「悳」とする意味である。初めに指摘したように、過去の「徳目」において、「仁義礼智聖」の五項の価値を合せる考えは存在しない。さらにこの五項の価値を分けて内在化し心における「悳之五行」とするのは前例がない。これは荀子が批判した「案往旧造説、謂之五行、甚僻違而無類」（『荀子・非十二子』）であろう。しかしこれも『五行』の「悳」の意味に対する部分的変化でしかない。『五行』は「悳之五行」の「和」を「悳」と見做し、この点は非常に斬新である。「形則仁」、「形則智」と「形則聖」等の各価値は心の内に有るのであれば、[1]孟子の仁義礼智「四端」が全て「善性」であるように、その全てにおいてそれ自体が「悳」でなければならない。しかし『五行』はそのようにはせず、「仁義礼智聖」全体の「和」が「善」であると主張したのである。

1　この理論に依ると、「形則仁」の後に更に「形則義」と「形則礼」がある。

「悳之行五和謂之悳、四行和謂之善」

まず、儒家が重視する「徳目」は沢山あるが、「仁義礼智聖」を「五行」とするのは唯一無二である。漢代に「仁義礼智信」を「五常」とする以前は、儒家が列挙した徳目は、一部が段々と突出し、孟子の頃には「仁義礼智」が「四端之心」となり、もう一つ「聖」が加わった。これは変遷の結果である。広義の儒家道徳において、「徳」の条目或いは項目は「三徳」から十数徳にまで至った。「三徳」に関係しているのは、「正直」、「剛克」そして「柔克」（『尚書・洪範』）の「三徳」、「至徳」、「敏徳」、「孝徳」（『周礼・地官司徒・師氏』）の「三徳」、「義」、「祥」、「仁」（「夫義所以生利也、祥所以事神也、仁所以保民也。……古之明王不失此三徳者」『国語・周語中』）の「三徳」、「智」、「仁」、「勇」（『中庸』）の「三徳」である。「四徳」は、「直」、「寛」、「剛」、「簡」（『尚書・尭典』）の「四徳」、「精」、「忠」、「孔」、「信」（『国語・周語上』）の「四徳」、「忠」、「信」、「礼」、「義」（『国語・周語上』）の「四徳」である。「六徳」は「中」、「和」、「祗」、「庸」、「孝」、「友」（『周礼・春官宗伯・大司楽』）の「六（楽）徳」、「知」、「仁」、「聖」、「義」、「忠」、「和」（『周礼・地官司徒・大司徒之職』）の「六徳」、「聖」、「智」、「仁」、「義」、「忠」、「信」（郭店竹簡『六徳』）の「六徳」である。「九徳」は、「忠」、「信」、「敬」、「剛」、「柔」、「和」、「固」、「貞」、「順」（『逸周書・常訓解』）の「九徳」、「孝」、「悌」、「慈惠」、「忠恕」、「中正」、「恭遜」、「寛弘」、「温直」、「兼武」（『逸周書・宝典』）の「九徳」などである。これら異なる徳目において、「仁」、「智」、「忠」、「信」、「聖」、「義」などの徳目は、同類の項目が多くある。『論語』における「孝」「礼」等に非常に重要である。これはそれらが重要視されている程度が比較的高いことを意味している。

次に、儒家の異なる「徳目」の意味と作用からするとそれらもそれぞれ異なる。孔子にとって仁者と知者の異なる特徴は「知者楽水、仁者楽山。知者動、仁者静。知者楽、仁者寿」（『論語・雍也』）である。「智仁勇」三者の作用はそれぞれ「知者不惑。仁者不憂。勇者不惧」（『論語・子罕』）である。孟子にとって「仁」は「惻隠の心」である。「義」は「羞悪の心」であり、「礼」は「恭敬の心」、「智」は「是非の心」（『孟子・告子上』）である。孟子はまた「仁之実、事親是也。義之実、従兄是也。智之実、知斯二者弗去是也。礼之実、節文斯二者是也」（『孟子・離婁上』）と言い、異なる道徳は異なる機能と作用を持ち、それぞれは当然取り替えることはできない。郭店竹簡『六悳』は六徳を聖智、仁義、忠信の三つに分け、それぞれ異なる作用があると考える。

「聖与智就矣、仁与義就矣、忠与信就（矣）。作礼楽、制刑法、教此民尓、使之有向也、非聖智者莫之能也。親父子、和大臣、寝四隣之抵牾、非仁義者莫之能也。聚人民、任土地、足此民尓、生死之用、非忠信者莫之能也」

更に、異なる徳目の間の関係から言うと、徳目の重要度は異なり、重要な道徳項目は二次的な項目を統率することができる。例えば、孔子において「礼楽」に対して「仁」は比較的重要である。「人而不仁、如礼何？人而不仁、如楽何？」（『論語・八佾』）。孔子はまた五種の善行を行えることを「仁」と呼んでいる。

「子張問、仁、於孔子。孔子曰。能行五者於天下、為仁矣。請問之？曰。恭、寛、信、敏、恵―恭則不侮、寛則得衆、信則人任焉、敏則有功、恵則足以使人」（『論語・陽貨』）。[1] しかし「聖」は「仁」よりも更に重要である。『論語・雍也』に「子貢曰。如有博施於民而能済衆、何如？可謂仁乎？子曰。何事於仁！必也聖乎！尭舜其猶病諸」と記載しているように、「聖」の境地は非常に高く、孔子でも「聖」の境地に到達することはできないと謙遜している。『孟子・公孫丑上』に以下のような記載がある。

「昔者子貢問於孔子曰。夫子聖矣乎？孔子曰。聖則吾不能。我学不厭而教不倦也。子貢曰。学不厭、智也。教不倦、仁也。仁且智、夫子既聖矣。夫聖、孔子不居、是何言也！昔者窃聞之――子夏、子游、子張、皆有聖人之一体。冉牛、閔子、顔淵則具体而微。敢問所安？曰。姑舍是」

孟子は比較すると「仁義」の二項目を重要視している。よく「仁義」を同列に論じており、「仁政」により彼の「政治倫理」を統率している。孔子と同じように、孟子がより推しあがめているのは「聖」である。全体的な「聖」の境地において、孟子は伯夷、柳下恵及び孔子がそれぞれ別の面でそれを体現していると考えているが、孟子はその中でも孔子が集大成であると考える。

1　徳と言、仁と勇を比べると、前者が重要となる。「子曰。有徳者、必有言。有言者、不必有徳。仁者、必有勇。勇者、不必有仁」（『論語・憲問』）

「伯夷、聖之清者也。伊尹、聖之任者也。柳下惠、聖之和者也。孔子、聖之時者也。孔子之謂集大成。集大成也者、金声而玉振之也。金声也者、始条理也。玉振之也者、終条理也。始条理者、智之事也。終条理者、聖之事也」（『孟子・万章下』）

上記から、初期の儒家は一般的に異なる「徳目」の総体性と統一性から徳を論じない。[1] もちろん、彼らは王充のようにそれぞれが必要ないとは考えていない。「五常之道、仁、義、礼、智、信也。五者各別、不相須而成」（『論衡・問孔』）。『五行』篇において、「仁義礼智聖」の五種価値の思考方法はそれぞれ異なる。例えば「仁之思」、「知之思」、「聖之思」三者の特徴はそれぞれ「精」、「長」、「軽」である。それぞれ異なる方法によりそれぞれの「形」に到達するのである。『五行』篇は「見而知之、智也。聞而知之、聖也」、「知而行之、義也」、「知而安之、仁也」、「安而敬之、礼也」などを提唱し、「見知」、「聞知」、「知行」、「知安」、「安敬」によりそれぞれ「知」「聖」「義」「仁」「礼」の獲得の違いを説明している。『五行』篇において、異なる価値の重要度も少し違う。例えば、経文に「聖智、礼楽之所由生也」、「仁義、礼之所由生也」という考えがあり、「聖智」は「礼楽」「仁義」より高く、「礼」よりも高い。

1　池田知久は『漢書・芸文志』の「五者、蓋五常之道、相須而備、而『易』為之原」（池田知久『馬王堆漢墓帛書五行研究』、王啓発訳、北京・中国社会科学出版社、線装書局、２００５年版、３６２ページ）を引用し、その「五者」は上下の文において『楽』、『詩』、『礼』、『書』、『春秋』の間の関係を指し、一般的に言われている「五常」とは別である。

しかしこれまでの儒家道徳観念と異なる点は、『五行』は特に異なる道徳観念の間の「全体的統一」を強調しており、それを「和」と呼んでいる。「五行」の和はどう理解すればよいのか。龐朴氏は帛書『五行』篇『説』における「為一」と「以多為一」を結び付け、「五行」は同一の「得徳」或いは「成徳」と考える。五つの幹渉しない行為ではなく、人がそれらを得ようとするならば、統一された全体から体験及び理解しなければならない。さもなければただの一面的な知識に過ぎない。[1] 池田知久氏は「和」を「調和」や「統一」と解釈し、帛書『五行・説』における「以多為一」と「舎体独心」を結合させ、「五行」の統一と調和を保ち、つまり「五行」を「一」とし、自己の「心」と一体化した「一心」とし、身体と関係する物質性の物を捨て、心の作用を自由に発揮させることであると具体的な説明をしている。[2] 龐朴と池田氏の解釈はなかなか理論的であるが、まず先に『五行』における「和」と帛書『五行』における「和」を分けて見る必要がある。竹簡『五行』が「和」を使用しているのは以下の数か所がある。

「悳之行五和謂之悳、四行和謂之善」

「聖智、礼楽之所由生也、五行之所和也。和則楽、楽則有悳、有悳則邦家興」

---

1 龐朴『竹帛〈五行〉篇校注及研究』、台北・万巻楼図書有限公司、2000年版、164ページ。

2 池田知久『馬王堆漢墓帛書五行研究』、王啓発訳、北京・中国社会科学出版社、線装書局、2005年版、110、120ページ。池田知久は更に「五行之和」思想が生まれた背景を研究した。同上、362ページ。

「仁、礼義所由生也、四行之所和也。和則同、同則善」

単に「和」と言うと「五行の和」であろうが、「四行の和」であろうが、その「和」の意味は同じである。簡単に言うと、「和」は多様性の統一、平衡、調和である。

「和」は元々『五行・説』の「五声之和」のように、音声の調和である。「和」は「同」と区別される思想概念として、史伯、晏嬰と孔子により発展してきた。彼らによると「同」と区別される「和」にはいくつかの意味がある。一つ目は物事の多様性の中から新しいものを生み出すこと、二つ目は物事の多様な要素の間を良好に調和すること、三つ目は物事の多様性の基での統一である。二つ目の意味に関しては、儒家の「中庸」「中和」と共通する部分がある。『五行』が「和」と「同」を対立していると見做していないことは論じず、その「和」は上記三種類の意味において理解することができる。『五行』において、一種類の「悳之行」は真の「悳」とは言えない。或いは「悳」にはまだ足りず、「五種悳之行」の結合でのみ「悳」を生じさせることができる。どの「悳之行」も内心ではその性質と作用を保ち続けるが、しかし「悳」は異なる道徳価値を統一し、それぞれの間で平衡と調和の関係を保ち続けることができる。その中には依存の関係もある。

「不聡不明、（不明不聖）、不聖不智、不智不仁、不仁不安、不安不楽、不楽無悳」

「見而知之、智也。知而安之、仁也。安而敬之、礼也」

一つ目の考えによると聡明は聖、智、仁の条件である。二つ目の考えによると、知は仁、礼の出発点である。この二つの考えは、『五行』の作者の「悳之行」の関係に対する異なる視点を反映しているが、「義」と「礼」に言及していないため厳格ではない。『五行』の「悳行之和」の概念は、人の道徳追究に対しさらに高い要求を提唱している。この要求によると人は「五種類」の悳之行を保つだけでなく、この五種類の悳之行の間で調和、平衡を維持し、[1]全体的な統一を維持しなければならない。我々はこの「悳」を人の有機体の各機能の調和と平衡、並びに動作における統一と想像することができる。

帛書『五行・説』は悳の五行の「和」をどのように解釈しているのか。『五行』は「和」に対し二つの直接的な解釈がある。一つは、「五行之所和、和則楽」の「和」に対する解釈であり、「和者、有猶五声之和也」（「四行之和」に対しても同じ解釈を使う）である。この解釈は上述で言った「和」は強調及び調和という考えと一致する。もう一つは、「和則同」の「和」に対する解釈で、「和也者、小体変変然不於心也、和於仁義」である。その大体の意味は、耳、目、鼻、口、手、足「六者」が心に背かないことである。[2]『五行』篇の「悳之行」の平衡と調和は、まず人の「内心」において、耳、目、鼻、口、手、足「六

1　「子曰。由也、女聞六言六蔽矣乎？対曰。未也。居！吾語女、好仁不好学、其蔽也愚。好知不好学、其蔽也蕩。好信不好学、其蔽也賊。好直不好学、其蔽也絞。好勇不好学、其蔽也乱。好剛不好学、其蔽也狂」（『論語・陽貨』）。ここでは孔子は「学」を使い各種「好」の偏りを正しており好の間の平衡を論じているのではない。

2　この点に関して池田知久『馬王堆漢墓帛書五行研究』、王啓発訳、北京・中国社会科学出版社、線装書局、２００５年版、

者」を「心」に従わせ、仁義と調和させることである。これは心身関係という新しい視点から「和」を観察し、さらにそこに「舍体」の概念を提唱した。「舍体」とは身体上の外在表現を捨て内心に専念することである（「夫喪、正絰修領而哀殺矣、言至内者之不在外也、是之謂独。独也者、舍体也」）。さらに『説』は特に「一」を強調している。

「能為一然後能為君子。能為一者、言能以多為一。以多為一也者、言能以夫五為一也」
「君子慎其独。慎其独也者、言舍夫五而慎其心之謂也。独然後一。一也者、夫五為（一）心也、然後得之。一也、乃徳已」

ここでは直接「和」について言及していないが、ここで提唱した「一」は「以多為一」である。「以多為一」は「五行」を「一」とすることで、まさに「一」を「舍夫五」及び「慎其心」としての「慎其独」と結びつけているのである。これにより「五行の和」の「和」は内心での高度な統一の「一」に成就したのである。このような「一」はまさに「悳」である。その中の「舍夫五」は、さらに「五行」の単一性を克服し、混然一体の内心の和を実現するのである。『徳聖』にも次のように言われている。

4　432ページ参考。

「五行形、徳心起、和謂之徳、其要謂之一。其愛謂之天、有之者謂之君子、五者一也。清濁者、徳之（人）(居)、徳者清濁之渊、身調而神過、謂之玄同」

「玄同」の概念は『老子』から引用したものである。

以上が我々の「五行之和」としての「悳」の考察である。次に「楽」としての「悳」について論じたいと思う。これは『五行』が「悳」に与えた三つ目の意味である。『五行』はなぜ「楽」を「悳」と見做したのか。もし「悳」が「五行之和」であるならば、それは「五行」の関係が一種の理想状態に到達していることとである。「悳」を「楽」とするならば、それは内心の「和」という常態に対する心理感情である。簡単に分けると、「楽」は精神上のがあり、身体上のもあり、両者はそれぞれ影響している。『五行』の「楽」は精神上のを指す。『五行』の「以楽為悳」の考えは以下の数種類あり、一つ目は反面的「不安」から「不楽」そして「無悳」を説明している。

「君子無中心之憂則無中心之智、無中心之智則無中心（之悦、無中心之悦則不）安、不安則不楽、不楽則無悳」

「思不精不察、思不長（不得、思不軽）不形、不形不安、不安不楽、不楽無悳」

「不聡不明、（不明不聖）、不聖不智、不智不仁、不仁不安、不安不楽、不楽無悳」

この説明では「不安」の前のいくつかの段階がり、三つの段落はそれぞれ異なる。しかし「不安」の後は同じとなり、後に続くのは「不楽」、そして「不徳」となる。最後の一段の「安」と「楽」に対する『説』の解釈は、

「不安不楽――安也者、言与其体偕安也、安而後能楽」
「不楽無徳――楽也者流体、機然忘塞。忘塞、徳之至也、楽而後有徳」

この解釈によると、「安」と「楽」は人の身体と関係しており、人の身体における状態を指している。「安」は魂が身体と共に平穏で安逸な状態になることであり、いわゆる「身心一如」に似ている。ここから来る「楽」は身体と融合し魂の純粋な状態に帰することである。知らず知らずのうちに身体のぎこちない感覚を忘れ、これにより「悳」を生じるのである。

二つ目は正面の「和」から「楽」、そして「悳」に至る過程である。

「聖智、礼楽之所由生也、五（行之所和）也。和則楽、楽則有悳、有悳則邦家興」

この考えは「四行」の「和則同、同則善」と相対した意味から出ており、特にその中の「楽」と「同」は相対している。ここでの「同」は魂と同化することと理解できる。この「楽」は『説』の解釈と同じ

であり、「楽者、言其流体也、機然忘塞也。忘塞、徳之至也」とも言う。しかしこの「楽」は「和」より発しており、上述の「安」から発するものとは別である。さらに帛書『説』に「楽也者和、和者悳也」の考えがあるが、「以和為徳」とは釣り合わない。

三つ目は「聞道而楽」を「好悳」とし、その間に段階はない。『説』の解釈では、

「聞道而楽、有徳者也。道也者、天道也、言好徳者之聞君子道而以夫五也為一也、故能楽。楽也者和、和者徳也」

ここでは解釈がまた「楽」から「和」、さらに「徳」へと変わった。帛書『説』によると、竹簡本の「好悳」は帛本の『経』では「有徳」となる。

以上三つの「以楽為悳」の説明は、ことなる部分はあるがその主旨はみな内心に「五行」を習得し精神上の喜びと楽しみに到達することである。

倫理道徳の認知と意識に対し、我々の内心世界は、或いは単一の方法により反応し、或いは総合的方法により反応する。もし我々がそれぞれ理性においてそれを受け入れ、行動においてそれを行うことができると、よりいっそう感情からそれを感じることができる。実際にはそれを享受するか、或いはそのどちらもある。儒家において、倫理道徳は人の理性原則、規範、行為でもあり、同時に人の感情生活の一部分でもある。儒家は倫理道徳を理性認知または価値における規範のみと見做しておらず、人が内在

感情において倫理道徳を喜び愛し、さらにその中で楽しみことが更に高い境地なのである。『論語・雍也』に「子曰。知之者不如好之者、好之者不如楽之者」と記載している。孔子の言葉はとても明確であり、「知」から「好」そして「楽」への階層関係である。これは儒家が抱く強烈な道徳快楽主義の信念と関連している。我々がよく知る行使の言葉として、以下がある。

「子曰。飯疏食飲水、曲肱而枕之、楽亦在其中矣。不義而富且貴、於我如浮云。……子曰。女奚不曰、其為人也、発憤忘食、楽以忘憂、不知老之将至云尓」（『論語・述而』）
「子曰。益者三楽、損者三楽。楽節礼楽、楽道人之善、楽多賢友、益矣」（『論語・季氏』）
「子曰。不仁者不可以久拠約、不可以長拠楽」（『論語・里仁』）[1]

魂や精神境地に特に注目している孟子は、孔子の道徳快楽主義のよき継承者である。孟子の言う「仁

1　一般的に「音楽」は人の感情を表す一種の方法である。しかし儒家において音楽は道徳教化の意義が強くなり、これにより精神上の快楽を実現する。「故曰。楽者、楽也。君子楽得其道、小人楽得其欲。以道制欲、則楽而不乱。以欲忘道、則惑而不楽。是故、君子反情以和其志、広楽以成其数。楽行而民郷方、可以観德矣。德者、性之端也。楽者、德之華也。金石絲竹、楽之器也。『詩』言其志也、歌咏其声也、舞動其容也。三者本於心、然後楽器従之。是故情深而文明、気盛而化神。和順積中而英華発外、唯楽不可以為偽」（『礼記・楽記』）

義忠信、楽善不倦、此天爵也」(『孟子・告子上』)、「万物皆備於我矣。反身而誠、楽莫大焉」(『孟子・尽心上』)、「楽其道而忘人之勢、……尊徳楽義、則可以囂囂矣」(『孟子・尽心上』)などはみな倫理道徳生活を一種の精神上の快楽とし、理性的な規範及び義務のみではない。[1]一般的に、もし人が内心から一つのものを追求すると、人の認知、意志及び感情は統一される。老子においては、人が自覚的及び主動的に「道」と「徳」を認めると、「道」と「徳」を楽しむことができる。

「同於道者、道亦楽得之。同於徳者、徳亦楽得之。同於失者、失亦楽得之」(『老子』二十三章)

『五行』篇は「以楽為悳」を強調し、これは倫理道徳を内在化、精神化するだけでなく、内心の習得、意志及び行為に変え、倫理道徳を感情化、愉悦化することを表している。『五行』における「悦」もこの意味である。[2]

1 比較すると荀子は更に倫理道徳規範及び実行の義務を重視している。「不聞不若聞之、聞之不若見之、見之不若知之、知之不若行之、学至於行之而止矣。行之、明也。明之為聖人。聖人也者、本仁義、当是非、斉言行、不失豪厘、無他道焉、已乎行之矣」(『荀子・儒效』)。しかし荀子に「楽道」の思想がないとは言えない。「故君子之於言(善)也、志好之、行安之、楽言之」(『荀子・非相』)。「故仁者之行道也、無為也。聖人之行道也、無強也。仁者之思也恭、聖人之思也楽。此治心之道也」(『荀子・解蔽』)。

2 『説』の「聞君子道而悦者、好仁者也」の解釈として——「道也者、天道也、言好仁者之聞君子道而以之其仁也、故能悦。

三　「悳」と「天道」、「天」

『五行』において、人は内的悳を形し、さらに外在的超越性根拠もあり、その根拠は「天道」である。このような「以悳為天道」の考えは『五行』が「悳」に与えた四つ目の重要な意味である。「以悳為天道」は広義の意味では「悳」と「天道」の関係の問題である。儒家において、「天道」を「天の道」とするように「天徳」は「天の徳」となり、よって一方で「悳」は「天」の属性であり、もう一方で「徳」は往々にして人の品性を指し、この用法の方が普遍的である。このため、超越的「天」の世界において、「徳」と「天道」はどちらも「天」に属し、「天之徳」並びに「天之道」のことを指す。しかし天人相対の意味において、「天道」は「天」に属し、「徳」は「人」に属す。『五行』において「悳」と「悳」と「天道」の関係は「人の悳」と「天の道」の関係である。ただ、儒家において「人の徳」はまた「人道」でもあり、「人道」は一般的に「天」或いは「天道」を源にすると考えられている。『五行』はこれと異なり、その特別なところは「人道」を人の行為として見做すだけでなく、「人道」と「天」、「天道」の間の派生及び従属関係を断ち切ったのである。我々はその「善」を「人道」とし、「悳」を「天道」とする対比関係においてはっきりと「人道」に対する特別な用法を見て取れる。[1]

悦也者、形也」。

1　荀子は更に「道」を「人道」の中に限定しており、「道」は天道ではなく人の道であると考え、孔孟の「人道」と正義が「天」

「善、人道也。悳、天道也」

『五行』において、このような考えは他に例がある。善を人道とし、徳を天道とするこの分け方は儒家において確かに特別は用法ではある。子産の天道を遠とし、人道を近とする両者の定義付けや[1]、荀子の「惟聖人為不求知天」の「天人二分」は見たことがあるが、これらは『五行』のような意味における人道と天道の分け方ではない。我々がここで注目するのは「以悳為天道」(『五行』)である。これに対し我々はどのように理解すればよいのであろうか?

『五行』の悳と天道及び天の関係に関し、池田知久氏は細かく論じている。彼の基本的な考えは、人の先天的な「悳」は「天道」である[2]。しかし「悳」が人の先天的自然本性かどうかは少なくとも『五行』の経文においてはまだ明確ではない。『五行』にある「悳、天道也」を、もし「悳」を「天道」とするならば、内包的及び外延的二つの意味から理解することができる。内包的には「悳是天道」。これは「悳」の性質に対する一種の説明であり、人は動物であると同じで、人が動物の性質を持っていることを指す。外延的な意味では、悳は天道であるとは、悳は「天道」に属す、悳は天道の一部分であることを指す。こ

を源とする理論を断っている。

1 『左伝・昭公十八年』に子産の言葉を記載している。「天道遠、人道迩、非所及也」。

2 池田知久『馬王堆漢墓帛書五行研究』、王啓発訳、北京・中国社会科学出版社、線装書局、2005年、95—112ページ。

のように「悳是天道」の意味を理解するには、悳と天道が種族関係であることを前提としなければならない。これは動物が人よりも高い概念であるように、「天道」は「悳」よりも更に高い概念となる。『五行』において、悳と天道は確かにこのような関係と考えることができます。なぜなら「悳」は「人の悳」であるという考えから、「天道」の外延はそれよりも広いからである。「人の悳」が部分的な「天道」の性質を有していることから、人の悳の内包は天道の内包よりも大きくなるのである。

『五行』の経文において、複合語「天道」の用語の他に、「天」と「道」を分けて使用する部分がある。この三つの概念の関係は、「天」は全体的な範囲であり、「天道」が強調するのは「天」の理性と法則の面であり、「道」は「天道」に従う。まさに『経』の「聞道」の「道」に対し『説』は「天道」と解釈しているように、

「聞君子道而悦者、好仁者也。道也者、天道也、言好仁者之聞君子道而以之其仁也」
「聞道而楽、有徳者也。道也者、天道也、言好徳者之聞君子道而以夫五也為一也」

「天」を最高範囲とする初期の儒家において、「道」は「天」に従い、『五行』もこのような立場を維持している。『五行・経』曰く

「天施諸其人、天也。其人施諸人、狎也」

李零及び龐朴氏は「狎」を「習」と訓しているが、これは非常に良い[1]。この言葉の意味は、天が人に与えたものは先天的なものであり、人が人に与えるものは後天的に習得するものである。『説』は抽象的にこの二句を解釈したのではなく、例を用いて説明している。

「天生諸其人、天也。天生諸其人也者、如文王者也。其人施諸人也者、如文王之施諸閎夭、散宜生也」

「天生諸」を竹簡本では「天施諸」としており、それに従う。文王は「天施諸其人也者」の例である。文王の閎夭、散宜生に対しては「其人施諸人」の例である。「天施諸其人也者」は、文王の善良な人格は天が与えたものだという意味である。『説』の『経』の「二」の解釈に「一也、乃徳已。徳猶天也、天乃徳已」がある。ここでは、「徳」と「天」はより直接的な関係と見做されている。「天施諸其人、天也」の二つの「天」の字の用法が若幹異なるように、「徳猶天也、天乃徳已」の二つの「天」が指す意味も異なり、「徳猶天」の「天」は先天的な自然のものを指すのかもしれない。「徳猶天」とはつまり、人の徳は先天的な自然のようなもので、「天乃徳」の「天」は根源性、実体性の「天」を指している。「天乃徳」とは天は徳を生じさせる根源であることを指している。

1 龐朴『竹帛〈五行〉篇校注及研究』、台北・万巻楼図書有限公司、2000年版、85ページ。

ここで、更に進んで『五行』の「悳」の「先天性」と後天的な養成の関係を説明したい。前文で『五行』の「形於内」は後天的な育成と養成を指していることを強調した。このような後天的育成に頼る「悳」も人が先天的に有している一種の善良な可能性及び潜在性（「悳性」及び「善性」）の実現とすることができる。しかし、『五行・経』において、この点に対しては直接性と明確さに欠ける。なぜなら「悳」を「天道」とする考えにおいて、以下の郭店竹簡『成之聞之』の言葉のように、それを「悳」は純粋に「天道」を学習した結果であると解釈することができるからである。

「唯君子、道可近求、而（不）可遠借也。昔者君子有言曰、「聖人天悳」何？言慎求之於己、而可以至順天常矣」

或いは荀子が言う「化性起偽」の「偽」のようである。しかし『経』が言う「天施諸其人、天也」は、このような極端な考えを成立させせない。これは『五行』には確かに先天的「徳性」の意識があることを説明している。このような意識は『詩・大雅・烝民』における「天生烝民、有物有則。民之秉彝、好是懿徳」と孔子の「天生徳於予」（『論語・述而』）のようにはっきりとしている。しかしもし『五行』の『説』と合わせてみると少し状況が異なる。『経』の「目而知之、謂之進之」に対する『説』の解釈に以下がある。

「弗目也、目則知之矣、知之則進耳。目之也者、比之也。「天監在下、有命既集」者也、天之監下也、集命焉耳。循草木之性、則有生焉、而無好悪。循禽獣之性、則有好悪焉、而無礼義焉。循人之性、則巍然知其好仁義也。不循其所以受命也、循之則得之矣、是目之已。故目万物之性而（知人）独有仁義也、進耳。「文王在上、於昭於天」、此之謂也。文王源耳目之性而知其好声色也、源鼻口之性而知其好臭味也、源手足之性而知其好佚愉也、源心之性則巍然知其好仁義也。故執之而弗失、親之而弗離、故卓然見於天、著於天下、無他焉、目之也。故目人体而知其莫貴於仁義也、進耳」

『説』の「目而知之、謂之進之」に対する解釈は大きな発揮である。まさにこのような発揮において、それが提唱した「目万物之性而知人独有仁義」、「心之性則巍然知其好仁義也」は、「心性」が先天的に有している「仁義」を好む性質があることを表している。全体的に、『五行』の『経』において、人の先天的善良な心性と徳性の意識はまだはっきりとしておらず、『説』に至り明確になる。両者に対し一定程度の区別をし、より正確に『五行』の先天的「徳性論」の『経』から『説』までの変化の過程を認識し、またより先天的徳性と後天的「悳之行」の関係を知ることができる。

『五行』の『説』において、「天」との組み合わせに「天徳」という言葉がある。『経』に「幾而知之、天也。「上帝臨汝、毋貳尔心」、此之謂也」とある。この段落に対し、『説』の解釈は、

「幾也者、賫数也。唯有天徳者、然後幾而知之。上帝臨汝、毋貳尔心。上帝臨汝、幾之也。毋貳尔心、倶幾之也」

「天徳」は「天道」と類似しており「天の徳」を意味する。これは品徳、美徳として天を見做し、「天」を価値の源及び基準としている。『説』の考えに従うと、「天徳」を持つ人は、「鐖而知之」が可能である。儒家において、「天」は美徳の最高の体現者及び代表者であり、「天地之徳」と合わせて呼ぶこともある。例えば、「天地之徳、陰陽之交、鬼神之会」（『礼記・礼運』）、「天地之大徳曰生」（『周易・系辞伝』）など。荘子の「天」も最高の「徳」と美化及び理想化されたものである。『尚書・呂刑』にも「天徳」の言葉がある。「惟克天徳、自作元命、配享在下」。戦国子学に至って「天徳」の用例は多くなる。以下にいくつか例を挙げると、

「天降大常、以理人倫。制為君臣之義、作為父子之親、分為夫婦之辨。是故小人乱天常以逆大道、君子治人倫以順天徳」（郭店簡『成之聞之』）

「唯天下至誠、為能経綸天下之大経、立天下之大本、知天地之化育。夫焉有所倚？肫肫其仁！淵淵其淵！浩浩其天！苟不固聡明聖知達天徳者、其孰能知之？」（『中庸』）

「上利天、中利鬼、下利人。三利而無所不利、是謂天徳」（『墨子・天志下』）

「虚無恬淡、乃合天徳」（『庄子・刻意』）

「天徳而出寧、日月照而四時行、若昼夜之有経、云行而雨施也」（『庄子・天道』）

「天地已成、黔首乃生。莫循天徳、謀相覆傾」（『黄帝四経・十六経・姓争』）

これら用例から、戦国時代には既に普遍的に「天徳」を人類の美徳の模範としていることが分かる。このような意味において、『五行』の「天道」はこれと重なる面がある。とすると、「人之悳」は「天徳」に従う、或いは「天徳」の一種の表現である。『五行』における「聞而知之」の成人は「知天道」の独特な能力を持っており、ここで言う「天道」は「徳」の意味がある。しかし「法則」という意味のほうが強い。でなければ一般の人々に「形於内の悳」があるはずがないからである。

以上より、『五行』の「以悳為天道」は「悳」を「天道」、「天」、「天悳」と結びつけ、内在的悳が超越的根源を有していることを示していると考えることができる。

第4章　『窮達以時』と孔子の境遇観及び道徳自主論

『窮達以時』の整理から公布までの研究において、研究者は『荀子・宥座』、『孔子家語・在厄』、『韓詩外伝』七巻、『説苑・雑言』等に記載されている孔子とその弟子の陳蔡の地での包囲に関する内容に注目している。李学勤はその視野をその他の文献の記載で拡げ、変遷の前後順序を列挙し以下のように述べている。「各書の記載は多くの異なる点があるが、基本的な輪郭は変わらない」。[1]これにより我々はより広い範囲において『窮達以時』や伝承文献に記載されている内容の関連を観察できるようになった。そして『窮達以時』の核心思想は李学勤が列挙した文献系列に完全に統一して入れることができないことを発見した。根本的な問題点は、これら伝承文献が記載する孔子の「厄於陳蔡」の境遇に対する見方（「陳蔡境遇観」と呼ぶ）には明確な異なる立場と考えがある（記されている事件の状況と人物関係にも差異がある）。ただその内の一つと『窮達以時』の立場と考えが非常に近い。これは李学勤が列挙した伝承

1　『窮達以時』↓『荘子・譲王』↓『荀子・宥座』↓『呂氏春秋・慎人』↓『韓詩外伝』巻七↓『説苑・雑言』↓『風俗通義・窮通』↓『孔子家語・在厄』。李学勤「天人之分」鄭万耕主編『中国伝統哲学新論』、北京・九洲図書出版社、1999年、241ページ。

文献の順序が成立させるのが難しいこと、そして『窮達以時』が記載する内容と思想が伝承文献との間に複雑な異同関係があることを意味している。下文にてまず情景、人物、表現様式や問題からこれら伝承文献の記載及び『窮達以時』との異同関係を比較し、それを基に『窮達以時』の「天人之分」モデルを基にした境遇観及びそれが顕彰する儒家の道徳主体性、道徳自我決定論を論じたいと思う。

一 『窮達以時』と伝承文献の記載の異同

『魯穆公問子思』竹簡形状と字体が同じ『窮達以時』篇は、15本の竹簡に書かれ、第12本目と第13本目が少し欠けている他は全て完璧に残っている。[1] 内容と意義においては、この篇のみで完結でき篇の追加はいらないであろう。整理者の釈文と現有の研究をもとに調整及び校訂したこの篇の文献録は以下の通りである。

有天有人、天人有分。察天人之分、而知所行矣。有其人、無其（簡1）世、雖賢弗行矣。苟有其世、何難之有哉?舜耕於厲山、陶埏（簡2）於河滸、立而為天子、遇堯也。邵繇衣胎盖、帽絰冢巾、（簡3）釈板築而佐天子、遇武丁也。呂望為臧棘津、戦監門（簡4）棘地、行年七十而屠牛於朝歌、尊而為

1 『窮達以時』釈文、『郭店楚墓竹簡』収録、北京・文物出版社、1998年版、145—146ページ。

天子師、遇周文也。（簡5）管夷吾拘囚棄縛、釈桎梏而為諸侯相、遇斉桓也。（簡6）百里奚饋五羊、為伯牧牛、釈板而為朝卿、遇秦穆（也）。[1]（簡7）孫叔（敖）三斥恒思少司馬、出而為令尹、遇楚庄也。（簡8）

善否[2]、己也[3]。窮達以時、徳行一也。誉毀在傍、聴之弋之[4]。梅伯（簡14）初醓醢[5]、後名揚、非其徳加

1　前後の句式から、「秦穆」の後に「也」字が抜けている可能性がある。

2　「否」の元の釈文は「負」であり、顔世鉉の説に依り「否」と読む。顔氏「郭店竹簡散論（一）」『江漢考古』、2000年第1期、39ページ。

3　原釈文は第14支簡と第15支簡に繋がっており、陳剣はこれを第9支簡と繋げているのが特徴である。ここではそれを採用する。陳氏『郭店簡〈窮達以時〉、〈語叢四〉の数か所の簡序調整』、艾蘭、邢文主編『新出簡帛研究』収録、北京・文物出版社、2004年版、316—317ページ。

4　原釈文「聖（聴？）之弋母緇白」。「緇」を陳剣氏は「之」と読み、「母之」は倒置だと考える。「聴之弋之」について、裘錫圭は「聴」を「聖」と読み、「弋」を「賊」とする。「聴之弋之」を「聖之賊之」と読み、陳剣氏はこれに従う。（同上文、317ページ）。前後の文の意味によってはこの詠み方は適切とは言えない。もし「徳行一也」は「窮達以時」に対峙する態度だとすると、「聴之弋之」は「誉毀在傍」に対する態度となる。「聖之賊之」と読むのは適当ではない。この文の全体的な意味は、客観的な外在境遇や他人の評価がどうであれ、人は道徳修養を堅持しそれに左右されてはならない、となる。「聴之弋之」の、直接的な意味は近くの人の毀誉を聞き、その毀誉に振り回されることであり、これが聴之任之である。

5　原釈文のこの句は「子胥」句と相関する。原釈文「初韜晦」句は主語が欠けている。張立文氏は原釈文の解釈に依り、下文の一般議論を説明したものであると考える（張氏『〈窮達以時〉の時と遇』姜広輝主編『郭店楚簡研究』『中国哲学』

（也）。[1]子胥前多功、後戮死、非其智（簡9）衰也。驥厄張山、駿穴於邵棘、非亡体壮也。窮四海、至千（簡10）里、遇造（父）故也。遇不遇、天也。動非為達也、故窮而不（簡11）（怨、隠非）為名也、[2]故莫之智而不吝。芷（蘭生於林中）、[3]（簡12）（不為無人）嗅而不芳。璑璐瑾瑜包山石、[4]不為

第20集収録、沈陽・遼寧教育出版社、1999年版、218ページ）。池田知久氏はこれを上文の説であるとしている（池田氏『郭店楚簡〈窮達以時〉の研究（上、下）』台湾中央研究院歴史語言研究所編『古今論衡』収録、2000年、第4、5輯）。趙平安氏はこの二つの考えは成立しないとしそれが語るのは比干であるとしている。脱字や消えた字、簡の三つの可能性の内、池田知久氏の説を受け入れ、欠簡の可能性が高いとする。（趙氏『〈窮達以時〉第9号簡考論——兼及先秦両漢文献中比干故事的衍変』、『古籍整理研究学刊』収録、2002年第2期）。しかし第9支簡を第14支簡と繋げると上述の問題を解決することができる。「梅伯」の読み方は陳剣説（同上文）を参考とした。「醢醢」は、趙平安説を取った。（同上文）

1　後句の「哀也」に依り、「也」字を補う必要がある。

2　「怨、隠非」は李零氏釈文により。李氏の『郭店楚簡校読記』、北京・北京大学出版社、2002年版、88ページ参照。

3　「芷（蘭生於林中）」、陳剣氏（同上文、316ページ）と李零氏（同上書、88ページ）の説により補完。

4　「璑璐瑾瑜」の原釈文は「無菫愈」。劉楽賢、劉釗、顔世鉉氏の説により、「璑璐瑾瑜」と読む。劉楽賢氏『郭店楚簡雑考（五則）』（安徽大学古文字研究室編『古文字研究』収録、第22集、北京・中華書局、2000年版、205ページ）、劉釗氏『読郭店楚簡字詞札記』（武漢大学中国文化研究院編『郭店楚簡国際学術研討会論文集』収録、武漢・湖北人民出版社、2000年版、91ページ）、顔世鉉氏『郭店楚簡散論（二）』（『江漢考古』収録、2000年第1期、39ページ）。「包」は裘錫圭氏に従う。張富海『北大中国古文献研究中心「郭店楚簡研究」項目新動態』収録、「簡帛研究サイト」（http://www.bamboosilk.org）、2000年10月。

（無人識而）（簡13）不理[1]。窮達以時、幽明不再。故君子敦於反己。（簡15）

孔子の「厄於陳蔡」を記載している先秦及び秦漢文献は、主に『孔子家語・在厄』、『荘子・譲王』、『荀子・宥座』、『呂氏春秋・慎人』、『韓詩外伝』七巻、『説苑・雑言』、『風俗通義・窮通』がある。これらと『窮達以時』を比べると異なる二つの関係性がある。一つは『窮達以時』と比較的似ている『韓詩外伝』七巻、『説苑・雑言』、『荀子・宥座』及び『孔子家語・在厄』の記載である。二つ目は『窮達以時』と明らかに異なる『荘子・譲王』、『呂氏春秋・慎人』と『風俗通義・窮通』の記載である。このほか『孔子家語・困誓』と『説苑・雑言』にも孔子の「厄於陳蔡」に関する記載があり、『窮達以時』のそれとはまた違い三つ目の文献と見做すことができる。

一つ目の『韓詩外伝』七巻と『説苑・雑言』が記載している内容は『窮達以時』に最も近い。抽象議論と類推において三者は類似している。まず『韓詩外伝』七巻の記載を見てみよう。

「賢不肖者、材也。遇不遇者、時也。今無有時、賢安所用哉！……夫蘭茝生於茂林之中、深山之間、人莫見之故不芬。夫学者非為通也、為窮而不困、憂而志不衰、先知禍福之始、而心無惑焉、故聖人隠居深念、独聞独見」

1　「厘」、陳剣氏は「理」と読み、玉の文理とする。これに従う。同上、317ページ。

続いて『説苑・雑言』の記載を見てみる。

「賢不肖者、才也。為不為者、人也。遇不遇者、時也。死生者命也。有其才、不遇其時、雖才不用。苟遇其時、何難之有！……芝蘭生深林、非為無人而不香。故学者非為通也、為窮而不困也、憂而志不衰也、先知禍福之始而心不惑也、聖人之深念，独知独見」

簡文『窮達以時』の考えでは、

「有天有人、天人有分。察天人之分、而知所行矣。有其人、無其（簡1）世、雖賢弗行矣。苟有其世、何難之有哉？……遇不遇、天也。動非為達也、故窮而不（簡11）（怨、隱非）為名也、故莫之智而不吝。芷（蘭生於林中）、（簡12）（不為無人）嗅而不芳。璑璐瑾瑜包山石、不為（無人識而）（簡13）不理。窮達以時、幽明不再。故君子敦於反己。（簡15）」

以上三つの抽象議論と類推を比較すると、『韓詩外伝』七巻の記載と『説苑・雑言』の記載が最も近く、その二つはまた『窮達以時』と非常に類似している。三つの文献の記載と考えが近く似ているのは、二つ目の理由は三者が歴史人物の「遇不遇」の例を用いていることである。みな「舜」から始まり「孫叔敖」までを言及しており、違いは『窮達以時』が六人の人物を挙げているのに対し、他の二つの文献は七人を上げ、「伊尹」が増えている。

しかし『窮達以時』と第一類の『荀子・宥座』と『孔子家語・在厄』の記載を比較すると、三者の類似性は抽象議論と思想においてのみ表われていることが分かる。『荀子・宥座』には、

「夫遇不遇者、時也。賢不肖者、材也。君子博学深謀、不遇時者多矣！由是観之、不遇世者衆矣、何独丘也哉！且夫芷蘭生於深林、非以無人而不芳。君子之学、非為通也、為窮而不困、憂而意不衰也、知禍福終始而心不惑也。夫賢不肖者、材也。為不為者、人也。遇不遇者、時也。死生者、命也。今有其人、不遇其時、雖賢、其能行乎？苟遇其時、何難之有！故君子博学深謀、修身端行、以俟其時」

『孔子家語・在厄』には、

「夫遇不遇者、時也。賢不肖者、才也。君子博学深謀而不遇時者、衆矣、何独丘哉！且芝蘭生於深林、不以無人而不芳。君子修道立徳、不為窮困而敗節。為之者人也、生死者命也」

『窮達以時』（また『韓詩外伝』七巻及び『説苑・雑言』）と異なるのは、『荀子・宥座』と『孔子家語・在厄』はどちらも「遇不遇」の歴史人物を列挙していない点である。

『窮達以時』と上記四つの文献の異なる部分は、これら伝承文献が記す境遇観は全て孔子が「厄於陳

蔡」にて弟子たちの疑問に対し提唱した答えであり、対話体である。『窮達以時』は「戹於陳祭」の事や孔子とその弟子について全く言及しておらず、表現方法としては論述体である。これにより一つ問題が起きる。『窮達以時』と上記伝承文献が記載する前後関係とその影響である。文献の時間からすると、『孔子家語』を除き『窮達以時』はその他三つの文献よりも早い。しかし出典から言うと『荀子・宥座』と『韓詩外伝』七巻と『説苑・雑言』は出典があり、『孔子家語』は出典の一つである。この4種の伝承文献には「伍子胥」が殺されたことへの言及がある。伍子胥は紀元前484年に死に、孔子の「戹於陳蔡」は紀元前489年である。孔子がこのことについて言及することはできない。『孔子家語』の記載は、孔子の門人が後に追加したのである。李学勤は、『窮達以時』は「『論語』の後の文献で孔子の困於陳蔡に対する言論では最も早い例である」と考えている。[1] しかし考慮しなければならないのは、『窮達以時』はまるっきり「戹於陳蔡」の事に言及していないことである。廖名春はそのことから『窮達以時』は孔子の自作であると推測しているが、[2] その可能性は非常に低い。『窮達以時』は孔子の「戹於陳蔡」と言論の影響を受け議論しており、特に「天人有分」を提唱し人の「境遇」と「窮達」を「天人」の下に置き思考及び理解をしており、これは孔子の後の作品であろう。

1　李学勤『天人之分』、鄭万耕主編『中国伝統哲学新論』、九洲図書出版社、1999年版、240ページ。
2　廖名春氏『荊門郭店楚簡と先秦儒学』、姜広輝主編『中国哲学』第20輯「郭店楚簡研究」、沈陽・遼寧教育出版社、1999年版、43—45ページ。

ともあれ、『窮達以時』の「境遇観」と上記の伝承文献に記載されている内容は多かれ少なかれ類似性があり、同じ類に属すると言える。

さらに比較してみると、『孔子家語・在厄』に記載している情景、内容と『韓詩外伝』七巻と『説苑・雑言』も少し異なる。『孔子家語・在厄』において、孔子は同じ問題を子路、子貢、顔淵にし、彼らの考えを聞いている。孔子が尋ねた問題は、「『詩』云、匪兕匪虎、率彼曠野。吾道非乎？奚為至於此？」である。[1] 3人の弟子はそれぞれ回答し孔子の評価を受けている。

「子路出、召子貢、告如子路。子貢曰。夫子之道至大、故天下莫能容夫子、夫子盍少貶焉。子曰。賜良、農能稼不必能穡、良工能巧不能為順、君子能修其道綱而紀之、不必其能容。今不修其道、而求其容、賜、尔志不広矣、思不遠矣。子貢出、顔回入、問亦如。顔回曰。夫子之道至大、天下莫能容、雖然夫子推而行之世不我用、有国者之丑也、夫子何病焉。不容然後見君子。孔子欣然嘆曰。有是哉！顔氏之子、吾亦使尔多財吾、為尔宰」

しかし『韓詩外伝』七巻と『説苑・雑言』の記載には子路の回答とそれに対する孔子の評論しかない。『史記・孔子世家』が記載している内容は『孔子家語・在厄』の記載と完全に一致しているが、ただ孔子の

1 『史記・孔子世家』が記す意味はこれと一致する。文字は少し異なる。「〝匪兕匪虎、率彼曠野〟吾道非邪？吾何為於此？」（『詩雲』）

「問い」は『孔子世家』に重複し出現する。

「子路出、子貢入見。孔子曰。賜、詩云、匪兕匪虎、率彼曠野。吾道非邪？吾何為於此？子貢曰。夫子之道至大也、故天下莫能容夫子。夫子盖少貶焉？孔子曰。賜、良農能稼而不能為穡、良工能巧而不能為順。君子能修其道、綱而紀之、統而理之、而不能為容。今尔不修尔道而求為容。賜、而志不遠矣！子貢出、顔回入見。孔子曰。回、詩云、匪兕匪虎、率彼曠野。吾道非邪？吾何為於此？顔回曰。夫子之道至大、故天下莫能容。雖然、夫子推而行之、不容何病、不容然後見君子！夫道之不修也、是吾丑也。夫道既已大修而不用、是有国者之丑也。不容何病、不容然後見君子！孔子欣然而笑曰。有是哉顔氏之子！使尔多財、吾為尔宰。於是使子貢至楚。楚昭王興師迎孔子、然後得免」

この二か所の記載にある孔子とその弟子の「不容」に対する評論は、後述する「困境」に対する評価と似ている。

第2類の文献『荘子・譲王』、『呂氏春秋・慎人』と『風俗通義・窮通』が記載する孔子の「厄於陳蔡」の境遇観は、第1類の文献の記載ともことなり、『窮達以時』とも一致しない。主に三つの面に表される。一つは、この類の文献は皆「時遇論」に言及していない。二つ目は、「道徳」を持っているか否かを「窮達」とする。三つ目は、陳蔡の遭遇は不孝ではなく、孔子の道徳意志と信念を試す絶好のチャンスだと見做されていることである。歳寒「以後知松柏之茂」は『論語・子罕』記載されている孔子の言葉、「歳寒、然後知松柏之後雕也」と関係があるのと思われる。直接観察するために、この類の伝承文献の関心部分を直接比べてみよう。『荘子・譲王』の記載は以下の通りである。

「子貢曰。如此者、可謂窮矣。孔子曰。是何言也！君子通於道之謂通、窮於道之謂窮。今丘抱仁義之道以遭乱世之患、其何窮之謂？故内省而不窮於道、臨難而不失其徳。天寒既至、霜雪既降、吾是以知松柏之茂也。陳、蔡之隘、於丘其幸乎！孔子消然反瑟而弦歌、子路扢然執幹而舞。子貢曰。吾不知天之高也、地之下也。古之得道者、窮亦楽、通亦楽。所楽非窮通也。道得於此、則窮通為寒暑風雨之序矣。故許由娯乎潁陽、而共伯得乎丘首」

『呂氏春秋・慎人』の記載において、

「子貢曰。如此者可謂窮矣。孔子曰。是何言也？君子達於道之謂達、窮於道之謂窮。今丘也拘仁義之道、以遭乱世之患、其所也、何窮之謂？故内省而不疚於道、臨難而不失其徳。大寒既至、霜雪既降、吾是以知松柏之茂也。昔桓公得之莒、文公得之曹、越王得之会稽。陳、蔡之厄、於丘其幸乎！孔子烈然返瑟而弦、子路抗然執幹而舞。子貢曰。吾不知天之高也、不知地之下也。古之得道者、窮亦楽、達亦楽。所楽非窮達也、道得於此、則窮達一也、為寒暑風雨之序矣。故許由虞乎潁陽、而共伯得乎共首」

最後に、『風俗通義・窮通』の記載において、

「子路曰。如此、可謂窮矣?·夫子曰。由、是何言也?·君子通於道之謂通、窮於道之謂窮。今丘抱仁義之道、以遭乱世之患、其何窮之為?·故内省不疚於道、臨難而不失其徳、大寒既至、霜雪既降、吾是以知松柏之茂也。昔者桓公得之莒、晋文公得之曹、越得之会稽、陳蔡之厄、於丘其幸乎」

この三つの文献が記載する孔子の厄於陳蔡の境遇観は、その情景や談話内容が比較的一致している。特に前二者はほぼ完全に同じであり、明らかにもう一つの類に属する。もう一つ出典があるなら、第一類の伝承文献の系列に入れることはできなく、『窮達以時』と直接派生関係もない。一つの合理的な解釈として、7日間に及ぶ包囲の過程において、孔子の最も有名な弟子たちが自分たちの事業に対し困惑し様々な疑問を呈した。孔子は様々な角度から考え弟子たちを説得し、激励しなければならなかった。この期間の言行及び対話内容は、一次的単一的なものであるはずがなく、後に弟子たちの追憶、記述、伝達を経て異なる記載として残ったのである。『論語』の中の記載は非常に簡明であり、一言二言だけである。「在陳絶粮。従者病、莫能興。子路慍見曰。君子亦有窮乎?·子曰。君子固窮。小人窮斯濫矣」(『論語・

衛霊公』）。[1]『荘子・譲王』、『呂氏春秋・慎人』と『風俗通義・窮通』の記載において、「窮」は弟子達が孔子に自分たちの当時の境遇は「窮」であるかどうかによって提起され、孔子はもちろん「窮」を否定している。これは『論語』の「君子固窮」の「窮」と意味が異なる。『論語』に記載されている「窮」は上述の第一類伝承文献が言う「窮」と一致しており、当然『窮達以時』における意味の「窮」に属する。

第三類文献の『孔子家語・困誓』と『説苑・雑言』に別に記載されている陳蔡の厄及び孔子の境遇観は非常に近く（後者の情景と議論が少し多いだけである）、同じ類に属していることが明らかである（第３類の記載と呼べる）。

『孔子家語・困誓』の記載において、

「孔子遭厄於陳、蔡之間、絶粮七日、弟子餒病、孔子弦歌、子路入見、曰。夫子之歌、礼乎?孔子弗応、曲終而曰。由、来吾語汝。君子好楽、為無驕也。小人好楽、為無懾也、其誰之、子不我知而従我者乎?子路悦、援戚而舞、三終而出。明日免於厄、子貢執轡、曰。二三子従夫子而遭此難也、其弗忘矣。孔子曰。善悪何也?夫陳、蔡之間、丘之幸也。二三子従丘者、皆幸也。吾聞之——君不困不成王、烈士不困行不彰。庸知其非激憤厲志之始於是乎在」

1　「不得行、絶粮。従者病、莫能興。孔子講誦弦歌不衰。子路慍見曰。君子亦有窮乎?孔子曰。君子固窮、小人窮斯濫矣」（『史記・孔子世家』）

『説苑・雑言』の記載において、

「孔子遭難陳、蔡之境、絶粮、弟子皆有飢色、孔子歌両柱之間。子路入見曰。夫子之歌、礼乎？孔子不応、曲終而曰。由、君子好楽為無驕也、小人好楽為無慑也。其誰知之子不我知而従我者乎？子路不悦、援幹而舞、三終而出。及至七日、孔子修楽不休。子路愠見曰。夫子之修楽、時乎？孔子不応、楽終而曰。由、昔者斉桓霸心生於莒、句践霸心生於会稽、晋文霸心生於驪氏、故居不幽則思不遠、身不約則智不広、庸知而不遇之。於是興、明日免於厄。子貢執轡曰。二三子従夫子而遇此難也、其不可忘也！孔子曰。悪、是何言也？語不云乎？三折肱而成良医。夫陳、蔡之間、丘之幸也。二三子従丘者皆幸人也。吾聞人君不困不成王、列士不困不成行。昔者湯困於呂、文王困於羑里、秦穆公困於殽、斉桓困於長勺、句践困於会稽、晋文困於驪氏。夫困之為道、従寒之及暖、暖之及寒也、唯賢者独知而難言之也。易曰。困亨貞、大人吉、無咎。有言不信。聖人所与人難言、信也」

両者の近い部分は、一つは子路の孔子が苦境に居ながらも尚「弦歌不絶」をしていることに提起した疑問に対し、孔子は君子がなぜ「好楽」なのかを答えた。二つ目は孔子及びその弟子が包囲されて7日目に、苦境を脱した時に子貢が「所遇此難」忘れる可からずと感嘆したこと。三つ目は孔子が子貢の考えを批判し、苦境が人の人格を形成することを提唱し、積極的に困難と挫折に向き合っている。しかし両者の異なる所は『説苑・雑言』は歴史上の貧困を受けた人物を列挙し、さらに「困卦」を引用し「困」に対しより多くの説明をした。この二つの文献の記載は「困」の意味を強調し「窮達」や「時遇」等の言葉を用いていない[1]。ただ苦境を幸運と見做す点においてだけでも、第３類の文献と第２類の文献には同様の部分がある。

上記の異なる文献の記載に対する比較を通して、３種類の文献が記載する孔子とその弟子の陳蔡の厄における反応は異なることが見て取れる。その内第１類だけが『窮達以時』の境遇観に近い。これら異なる文献の記載は、一源多流なのか多源多流なのか、簡単に是非を以て回答することはできない。異なる文献の記載に交叉性があり、また篇の長短や内容の多寡の差もある。これは同一の情景及び内容に対する記載でも人や時により変化が生じることを証明している。それぞれの記載はみな対話体を用いており、登場する孔子の弟子は主に子路、子貢、顔淵であり、この事件において彼らは孔子と密接な関わりを持っている。核心思想においては、孔子とその弟子が居た境遇の考えが異なる原因の一つは、これらの考えが７日間の間の異なる時間と状況において提起されたからであろう。もう一つは、後の孔子の直弟子或いは又弟子が異なる追求や加工、引用をしたからである。よって、これら文献が反映する異なる境遇観は、孔子とその弟子の共同産物と言え、『窮達以時』はその中の一つに一致しているだけである。

1　もちろん「陳蔡之厄」に関してはその他の記載もあるが、それが言及する問題は、後にまた討論する。

二 『窮達以時』と孔門の「境遇観」

まとめると、孔子と初期の儒家の境遇観は、具体的に言うと「窮達（通）観」であり、三つの表現に分けられる。一つは「有機遇」或いは「有位」であるか否かによって表される。もう一つは「有徳」か否かによって表される。最後の一つは、苦境は人の人格を形成するかどうかによって表される。『窮達以時』の「窮達観」は一つ目に属す。この三つの異なる表現は孔子とその弟子がその境遇及び状況に対して与えた異なる解釈と説明であり、同一事件及び状況に対し異なる意味を与える方法でもある。これは初期の儒家の同一の問題に対する考えと立場に微妙な件か及び差異があることを反映している。これより具体的なこれら異なる「窮達観」を討論してみたい。

初期の儒家は一般的に機会があるかどうかで人の窮達を見てきた。これら機会は主に政治において重要な地位があるかどうかであり、彼らが言う「受命」もこのような意味である。（俸禄の多さ、身分の高さなどその他の地位はみなその付属品である）。これは孔子儒家が修身、修徳に立脚し入世と治世する政治抱負と繋がりがある。子路が道義の立場から一人の隠士（丈人）を批判した話は良い例である。「不仕無義。長幼之節、不可廃也。君臣之義、如之何其廃之？欲潔其身、而乱大倫。君子之仕也、行其義也。道之不行、已知之矣」（『論語・微子』）。孔子は自己を私人教師の役に限定したことはなく、国師、帝王師の地位に甘んじたこともない。孔子はプラトンのような哲学王、或いは君主を補佐して国家を治める最高行政長官（「国相」）になり、自身の政治理想を実践したかったのかもしれない。ただ、このような動機と目的による列国周遊において、孔子とその弟子は終始政治上での機械を得ることができなく、反対に幾度も挫折に遭い、生命に脅威が及ぶまでに至った。所謂「逐於魯、削迹於衛、伐樹於宋、窮於商周、厄於陳蔡」（『庄子・譲王』）である。一般的には孔子の周遊は失敗であると認識され、後世に「素王」の栄誉を与えられた。「厄於陳蔡」は孔子とその弟子が列国を周遊している過程において受けた最も大きい脅威であり、孔子とその弟子にとっての最大の試練でもあった。儒家の「窮達」と「時遇」の観念は主にこの実際の出来事によって現れるのである。『論語』において使われている「窮」の字の一つは『尭曰』篇の『尚書』の「四海困窮、天禄永終」を引用した部分である。また子路と孔子の「四海困窮、天禄永終」に対する有感の言葉（上文で引用済み、『衛霊公』参照）、その中には「窮」と相対する「達」の字は出てこない。「窮達」の原因の解釈としての「時遇」は、『論語』にも出てこない。『窮達以時』は陳蔡の事件に言及せず一般的な議論が主であるが、第１類の文献の記載との類似から、その「窮達観」も「陳蔡の厄」の背景のもとに生まれたと考えることができる。

『窮達以時』の窮達境遇観と第１類文献記載の窮達境遇観はみな人が政治における機会を「窮達」と見做すことができるかどうかによる。君主であろうが国相であろうが、文献に列挙される幸運な人物はみな政治上の人物である。孔子とその弟子達は、諦めずに正義と道徳を追求すれば、その徳行と人格が自身に政治上の機会を与えることができると信じている。これがつまり「達」である。『中庸』の記載によると、孔子は「徳位」、「徳命」、「徳禄」が因果必然性と統一性を有していることを固く信じていた——子曰、舜其大孝也与！徳為聖人、尊為天子、富有四海之内。宗廟飨之、子孫保之。故大徳必得其位、

必得其禄、必得其名、必得其寿。……故大徳者必受命。[1]

このような信念は、程度は違えど儒家人士によって持たれている。これは三代における天の「福善禍淫」因果応報観念の春秋時代の連続である。また、同時に孔子の天と天命観念に言及している。一方で、孔子の「徳位」統一は正に正義性の天と天命の上に成り立っている。人の道徳と正義の実践は天が与えた使命だとするならば、必然的に天の庇護と奨励を受ける。孔子が匡の地で陽虎に間違われ包囲された際に、孔子は天の「斯文」の担当であることに自身を持っていた。「文王既没、文不在兹乎？天之将喪斯文也、後死者不得与於斯文也。天之未喪斯文也、匡人其如予何」（『論語・子罕』）。曹国から宋国に行く途中に、孔子は宋国の司馬桓魋の威嚇を受けた。危機を脱した際に、孔子は「天」が自分に「徳」を与えたのだから、桓魋はどうすることもできないと自信に満ちている。確かに、多くの場合で、孔子は「受命於天」と明確に発言しており、自身の「天」に対する信頼を表している。第1類文献の孔子の「戹於陳蔡」の記載には、子路が言った「為善者天報之以福、為不善者天報之以禍」という言葉がある。『孔子家語・在戹』の記載によると、これは孔子が以前言ったことがある（「且由也昔者聞諸夫子」）。しかし『荀子・宥座』の記載によると、この言葉は子路が人から聞いた言葉だという（「由聞之」）。その

---

1 『説苑・敬慎』も善悪報応必然性を主張している。「老子曰。得其所利、必慮其所害。楽其所成、必顧其所敗。人為善者、天報以福。人為不善者、天報以禍也。故曰。禍兮福所倚。福兮禍所伏。戒之、慎之！君子不務、何以備之？夫上知天、則不失時。下知地、則不。日夜慎之、則無災害」。

他二つの文献の記載は出典に関する記載はない。この言葉が孔子の口から出たか否かに関わらず（孔子が曾て信じていたことである可能性が高い）、子路がこの言葉を引用したということは、彼は福善禍淫の「天」を信仰していることを説明している。子路の疑問は、自分の先生が苦難を受けているのは徳の積みと信仰が足りないのではないかということである。

陳蔡の地にて、孔子は改めて「天」と「天命」を再考し、「天」と「天命」に対し強烈に別の意識を表している。楚王が孔子を任用するという朗報を知った時、宰予と冉有は自分の先生の時遇が来たのだと信じたが、孔子は楽観する様子もなく「待時」と言った。『孔叢子・記問』の記載は以下の通りである。

「楚王使使奉金弊聘夫子、宰予、冉有曰、夫子之道於是行矣。遂請見、問夫子曰、太公勤身苦志、八十而遇文王、孰与許由之賢？夫子曰、許由、独善其身者也。太公兼利天下者也。然今世無文王之君也、雖有太公、孰能識之？乃歌曰、大道隠兮、礼為基。賢人竄兮、将待時。天下如一、欲何之」

第１類文献の記載によると、有徳の人が必ず位があるわけではない。位があるかどうかは、その人の徳により決まるのではなく、神秘的で測ることができない「時」と「遇」により決まるのである。[1] 人の

1　『列子・力命』は一般的意味から、各行為が（「仕」を含む）思い通りに行くかどうかは、「命」により決定すると考える。「農赴時、商趣利、工追術、仁逐勢、勢使然也。然農有水旱、商有得失、工有成敗、仕有遇否、命使然也」。

生死や貧富もその「徳」によるものではなく、その人の「命」により決まるのである。これによると「天」は善悪因果応報の担当者ではなく、人の運命を盲目的に配る存在なのである。人の行為結果を決めるこのような「運命の天」は、変えることができず受け入れるしかないという意味からすると、同じく必然的である。しかし予測できず人の行為の善し悪しに依らず人に結果を与えることから言うと、それは偶然性のある盲目的な力である。まさに『忠信之道』の「不期而可遇者、命也」である。『窮達以時』は孔孟の間、或いは孔荀の間の文献として、第1類文献と最も異なる点は、人の徳と人の時遇関係を、「天人相分」（「天人有分」）関係とまとめている。この「天」は人の「徳命之天」ではなく、人の「徳行」と関係を絶った「運命の天」であり、人の結果の善し悪しを決める「有其世無其世」の「時不時」、「遇不遇」の天である。

「有天有人、天人有分。察天人之分、而知所行矣。有其人、無其（簡1）世、雖賢弗行矣。苟有其世、何難之有哉？……遇不遇、天也」[1]

1　このような「天人二分」思想、は郭店楚簡『語叢一』にも出現する。「知天所為、知人所為、然後知道。知道然後知命」。『忠信之道』にもこのような意味の「天」が存在する。「不期而遇者、天也」。

このような意味における「天」に対し、龐朴の説明は非常に良い。[1]「天命」、「天力」は「自然力」ではなく、完全な「超自然力」でもない。それは社会により形成された、或いは無数の人が無意識に形成した「合力」であり、これはアダム・スミスの見えざる手に似ている。『荘子・山木』の記載によると、陳蔡で包囲された過程において、孔子は槁木や枯れ枝を拾い、枝を敲きながら昔の歌を歌いだした。顔淵は立ちながらじっくり見ていた。孔子は顔淵が悲しんでいることを心配し、顔淵に「無受天損易、無受人益難」と言った。顔淵は分からない様子であったので、孔子は続けて解説した。

「飢渴寒暑、窮桎不行、天地之行也、運物之泄也、言与之偕逝之謂也。為人臣者、不敢去之。執臣之道猶若是、而況乎所以待天乎？……始用四達、爵禄並至而不窮。物之所利、乃非己也、吾命其

1　龐朴氏曰く、世、遇、時とは何か？それは穹廬の蒼蒼でも人格ある天王でも、或いは義理の原則や無為の天成ではない。運気である。それは人が予知や制御することができず、支配を受けなければいけない超人的力であり、或いは突然やってきて一定期間来なくなるチャンス、得て喜び失い悲しむ呼び出すことができない条件、戦々恐々と俯仰し生息を頼る環境である。そのため当時天と敬称されたものは、特別な意味の天である。このような意味の天は、現在の概念から言うと社会環境、社会条件、社会機会、或いは単に社会の力と言える。この社会の力は、時に自然の力よりも強く、狡猾である。人の立場から見ると、それは冥々の中に隠れ、どうすることもできず、その絶対命令に従うしかない。よって天命とも呼ばれる。所謂「命自天降」、所謂「有天有命」とはまさにこれである（龐朴『孔孟之間――郭店楚簡中の儒家心性説』、姜広輝氏主編『中国哲学』第20集「郭店楚簡研究」収録、沈陽・遼寧教育出版社、１９９９年版、27―28ページ）

在外者也。君子不為盗、賢人不為窃、吾若取之何哉？[1]」

これによると、孔子も「天人関係」から人の運命の側面を説明している。孔子は「五十而知命」（『論語・為政』）、「不知命、無以為君子也」（『論語・尭曰』）、「畏天命」（『論語・季氏』）と言い、「命」は抗うことができず、受け入れるしかないと知っていることを示している。[2] 孔子において、「道」の追求であろうとも、最終的に実現できるかどうかは「命」により決まる。「道之将行也与、命也。道之将廃也与、命也」（『論語・憲問』）。『荘子』に二つの記載があり、孔子の「時命」と「境遇」に対し前後一致の立場であることを説明している。『秋水』の記載によると、

「孔子游於匡、宋人囲之数匝、而弦歌不輟。子路入見、曰。何夫子之娯也？孔子曰。来、吾語女。我諱窮久矣、而不免、命也。求通久矣、而不得、時也。当尭、舜而天下無窮人、非知得也。当桀、

---

1 「顔渊東之斉、孔子有憂色。子貢下席而問曰、小子敢問、回東之斉、夫子有憂色、何邪？孔子曰、善哉汝問！昔者管子有言、丘甚善之、曰、褚小者不可以懐大、綆短者不可以汲深。夫若是者、以為命有所成而形有所適也、夫不可損益。吾恐回与斉侯言尭、舜、黄帝之道、而重以燧人、神農之言。彼将内求於己而不得、不得則惑、人惑則死」（『荘子・至楽』）

2 古代ギリシャ哲学家セネカ（L.A.Seneca）は「命運に対しては、望むならついていき、望まぬなら引き摺って行こう」（麦金太爾氏『倫理学簡史』、北京・商務印書館、2004年版、152ページ）

紂而天下無通人、非知失也。時勢適然。夫水行不避蛟龍者、漁父之勇也。陸行不避兕虎者、獵夫之勇也。白刃交於前、視死若生者、烈士之勇也。知窮之有命、知通之有時、臨大難而不惧者、聖人之勇也。由、拠矣！吾命有所制矣！無幾何、将甲者進、辞曰。以為陽虎也、故囲之。今非也、請辞而退」

これに依ると、孔子は匡の地での遭遇において既に「時命」問題を思考している。ここでは孔子の「時命」に対する考えが『窮達以時』と第一類文献と一致しており、『忠信之道』が言う「不期而遇者、天也」とも一致している。晩年、孔子が魯国に帰った後、魯哀公の政治顧問を担当した際に、魯哀公は孔子に「才全」の意味を聞いている。孔子は「才全」を「時命」に対する順応と解釈している。

「哀公曰。何謂才全?仲尼曰。死生、存亡、窮達、貧富、賢与不肖、毀誉、飢渇、寒暑，是事之変、命之行也。日夜相代乎前、而知不能規乎其始者也。故不足以滑和、不可入於霊府。使之和豫、通而不失於兌。使日夜無郤、而与物為春、是接而生時於心者也。是之謂才全」（『庄子・徳充符』）

ベンジャミン・イサドア・シュウォルツは孔子の「天命観」の超越性に対し説得力ある説明をし、また、「決まっているもの」としての天命に存在するあいまいさにも注目した。天は人に使命を与え、有徳の人にも苦しみを受けさせる。孔子は自己の役わりに喜びながらも制御できず触れることもできない領域に対し嘆き悲しんでいる。[1] 墨子は儒家が信じる「命」を、人の行為と対応関係のない測ることができない矛盾性のある「命」であると批判している。墨子は儒家の「命」には使命と徳命が一つになった命であることに注意しておらず（この点では墨子の「天志論」と一致している）、儒家の命は人が現状に安んじ、進展することを求まないと信じ、これは儒家の精神とも一致しない。儒家の本当の精神は、諦めず絶え間ない行動であり（これは後に討論する孔子の道徳自主論の中心問題である）、その行動の結果は命を聞き命に由ることである。儒家は決して命を信じることにより行動しないということはなく、ただ命が自らの身に下りてくることを待つのである。永遠に発展する人にとっては、「命」は未来の追求に対する解釈或いは心の慰めでしかない。これに対し張岱年は以下のように説明している。

1　史華慈『古代中国的思想世界』、程鋼訳、南京・江蘇人民出版社、２００４年版、12―１２５ページ。史華慈の分析は言う「非常に奇怪なことは、それが最終的に指すのはちょうど人類の行動範囲である生活領域となる――人の適切な使命と呼ぶのがいいだろう。或いは天が人に耐え忍びさせる生活上の任務である。例えば、王朝問題に運用される〝命〟は、現在行使されている王権権威の有効命令を指すかもしれないが、では、〝命〟が一般的な人に使用される時――それは最初に君子に適用される――とくに道徳性、政治性の使命である〝人格性的命令〟（personal mandate）の実現をする時に。兼容性の述語を探す時、宿命（fate）として、または完成を待つ生活使命（a life vocation）であろうが、適当に〝決められているもの〟と訳すことができる。……例え孔子が善人の道徳能力に対し十分な自信を抱いていることを表しても、道徳の影響力を制限する歴史宿命論が存在することが発見されている」（同上、１２３―１２４ページ）。

「孔子は一生を懸け〝命〟を論じ、一生を懸け走り回っていた。隠者には〝知其不可而為之者〟と嘲笑われていた。奇妙なことは孔子は五十にして天命を知ったが、孔子が政治活動に銑士したのもまた五十歳からである。そのため孔子にとって、命とは事後に自らを慰めてくれるだけではなく、また事前に自己を奮い立たせ、結果に執着せず、ただ努力することのみを意識させてくれるものであった。儒家の見地から言うと、知其不可而為之者。なぜなら命は人の力ではどうすることもできないものだからである。今力を尽くさなければ、どうしてそれが人の力を以てもどうすることもできないと知ることができようか。どうして人の力の及ばざるものであり、力の至らなさにより成すことができなかったことを知ることができようか。人事を尽くした後でなければ天命を語ることはできないのである。命は先に知ることができず、人力を尽くしようやく命の如何を知ることができるのである。あらゆる方法を尽くし尚結果が得られない時に、ようやく命により許されるものではないと決めることができるのである。先に事が成ることはないと努力をしないことは、自暴自棄である」[1]

命の秘匿性と予測不可能性に対し、「時不時」、「遇不遇」は「命」が直接人に示す「状況」である。孔門が「厄於陳蔡」或いは一連の挫折にあったのも、孔子においてはただ彼らの「不時」、「不遇」によ

1　張岱年『中国哲学大綱』、北京・中国社会科学出版社、１９８２年版、４００ページ。

るものであり、彼らに過ちがあったからではない。もし『窮達以時』の運命観が有徳の人がただ一時的あるいはその時々の「不遇」であり、最終的に必ず命を受けるのであれば、『中庸』の「大徳必受命」の信念と並走し矛盾しない。しかし『窮達以時』と第一類文献が記載する時運観はこうではない。[1]最も徳のある弟子である顔淵の早逝に対し、孔子は「天喪予、天喪予」と感嘆している（『論語』）。尭のような大聖の位であっても、儒家は必然であると言っていない。郭店楚簡『唐虞之世』に以下のように記してある。

「古者尭生為天子而有天下、聖以遇命、仁以逢時、未嘗遇賢。雖並於大時、神明将従、天地佑之。縦仁聖可与、時弗可及矣。夫古者舜居於草茅之中而不憂、身為天子而不驕。居草茅之中而不憂、知命也。身為天子而不驕、不専也」

『窮達以時』の境遇観と『中庸』の徳命観の違いに基づき、李存山は両者が同一人物により書かれたものではないと推測している。[2]孔子のこのような「時遇」運命観は、孟子と荀子に影響を及ぼしただけ

1　孟子に「五百年必有王者興」の説がある。このような長期的な「時命」は儒家が一般的に言う「時命」ではない。（『孟子・公孫丑下』）

2　この点に関しては、李存山氏「〈窮達以時〉と「大徳者必受命」『国際儒学研究』第11輯、北京・国際文化出版公司、

でなく、[1]荘子と王充にも影響を及ぼしている。[2]王充の『論衡・禍虚篇』の「窮達」と「時命」に対する考えのように、『窮達以時』と第一類文献の記載は強い比較可能性がある。

「凡人窮達禍福之至、大之則命、小之則時。太公窮賤、遭周文而得封。寧戚隠厄、逢斉桓而見官。非窮賤隠厄有非、而得封見官有是也。窮達有時、遭遇有命也。太公、寧戚、賢者也、尚可謂有非。聖人、純道者也。虞舜為父弟所害、幾死再三。有遇唐尭、尭禅舜、立為帝。嘗見害、未有非。立為帝、未有是。前、時未到。後、則命時至也。案古人君臣困窮、後得達通、未必初有悪、天禍其前。卒有善、神佑其後也。一身之行、一行之操、結発終死、前後無異。然一成一敗、一進一退、一窮一通、一全一壊、遭遇適然、命時当也」

孔子の「境遇観」は主に以上に論じた位があるかないかにより測られる「時不時」、「遇不遇」の「窮

２００１年版、24―27ページ参考。

1　「楚王後車千乗、非知也。君子啜菽飲水、非愚也。是節然也」（『荀子・天論』）

2　「操行有常賢、仕宦無常遇。賢不賢、才也。遇不遇、時也。才高行潔、不可保以必尊貴。能薄操濁、不可保以必卑賤。……或以賢聖之臣、遭欲為治之君、而終有不遇、孔子、孟軻是也。孔子絶粮陳、蔡、孟軻困於斉、梁、非時君主不用善也、才下知浅、不能用大才也」（『論衡・逢遇篇』）

と達」であるが、前述でみたように、「有位」（或いは「外王」）等政治地位をさて置いて純粋に「有徳」か否かで測る表現もある。前述であげた陳蔡の厄を記載している第二類文献がまさにそうである。このような「窮達境遇観」は儒家においては珍しいが、一つの側面でもあることは確かである。人が道徳と人格の完成を目指し真の君子になるのであれば、功名上の「窮困」がある（「君子困窮」）。そうなると、その人は道徳と人格により自己の価値と地位を測り人々と争うしかなくなる。陳蔡の厄の困難において、孔子は依然として琴を弾き歌を詠い、超然として「窮」であるとせず、その弟子たちは困惑を感じ、自分たちの先生は「恥知らず」ではないかと言う者もいた。弟子の「如此者可謂窮矣」という恨み言を前にして、孔子は「是何言也？君子達於道之謂達、窮於道之謂窮。今丘也拘仁義之道、以遭乱世之患、其所也、何窮之謂？」（『呂氏春秋・慎人』）と答えた。[1] 儒家の一般的な信念は「徳位一致」であるが、両者が統一できない場合はもちろん「有徳無位」を選び、「有位無徳」を選択することはない。道徳を最高価値とする儒家にとって、「有徳」自体を「窮達」か否かの基準とするのは情理的なことである。子張は政治上の地位ではなく、「徳行」により貴賤を論じる考えを見せている。『荘子・盗跖』篇はこう記載している。

1　『呂氏春秋・慎人』が使用するのは「窮達」（「君子達於道之謂達、窮於道之謂窮」）である。『荘子・譲王』と『風俗通義・窮通』はどちらも「窮通」（「君子通於道之謂通、窮於道之謂窮」）を使う。

「子張曰。昔者桀、紂貴為天子、富有天下。今謂臧聚曰、汝行如桀、紂、則有怍色、有不服之心者、小人所賤也。仲尼、墨翟、窮為匹夫、今謂宰相曰、子行如仲尼、墨翟、則変容易色、称不足者、士誠貴也。故勢為天子、未必貴也。窮為匹夫、未必賤也。貴賤之分、在行之美悪」

嬉々として「仁者不憂、智者不惑、勇者不惧」と語る孔子にとって彼は「無憂」の慮である。子路が「君子亦有憂乎？」と聞くと孔子は断然として「無也。君子之修行也、其未得之、則楽其意。既得之、又楽其治、是以有終身之楽、無一日之憂」（『孔子家語・在厄』）と言っている。「無憂」は道徳と人格に対する自信に基づいている。もしも孔子にも憂慮が有るのならば、それは「徳之不修、学之不講、聞義不能従、不善不能改」（『論語・述而』）である。孔子は賢人は「無怨」であると考える。冉有が伯夷と叔斉がどのような人かと尋ねると、孔子は古代の賢人だと答えた。冉有がさらに彼らは怨んでいるかと聞くと、孔子は「求仁而得仁、又何怨」（『論語・述而』）と答えた。世俗的立場によると、伯夷と叔斉はみな悲惨な最期を遂げている。しかし孔子にとって彼らは自己の人格を成し遂げた人であり、怨み言があるはずがない。儒家において、人がその道徳、自我を成し遂げることができれば、それがその人にとっての全てなのである。まさに荀子の言うように、

「故君子無爵而貴、無禄而富、不言而信、不怒而威、窮拠而栄、独居而楽！豈不至尊、至富、至重、至厳之情挙積此哉」（『荀子・儒效』）

上記の孔子の境遇に対する二つの考えと異なり、孔子の境遇に対する三つ目の立場は、窮困と挫折は人格を形成することができると考え、「不時」と「不遇」に積極的な意味を与えた。一つ目の境遇観においていて、窮困は消極的である。二つ目の境遇観では、窮達の指すところが変わり、特別な意味において使用されている。三つ目は一つ目の消極的意味における窮困を積極的意味に転化させ、窮困を人の鍛錬、試験、形成の機会であると見做している。上述の『孔子家語・困誓』と『説苑・雑言』の別の記載によると、孔子は「陳蔡之厄」は自分たちにとって不幸でないばかりではなく、反対に自分たちを鍛えることができる得難い機会だと考えていた。

「吾聞之、君不困不成王、烈士不困行不彰。庸知其非激憤厲志之始於是乎哉」（『孔子家語・困誓』）

「吾聞人君不困不成王、列士不困不成行。……夫困之為道，従寒之及暖、暖之及寒也、唯賢者独知而難言之也」（『説苑・雑言』）

このような考えによると、孔子とその弟子たちの一連の遭遇は彼らにとっては幸運と言える。『孔子家語・困誓』と『説苑・雑言』の記載において、孔子のこのような言葉がある、「善悪何也？夫陳、蔡之間、丘之幸也」、「悪是何也？語不云乎？三折肱而成良医」。これによると、善悪の意味の孔子によって相互転化するものであると見做されている。一般的に悪だとされるものも、善の結果を与えることができる。所謂「憤怒出詩人」、「環境鍛煉人」などは、不幸と劣悪な環境には、「化腐朽為神奇」の効果があるということである。次に述べる孟子の言葉は、孔子のこのような境遇観に対する註釈と言ってもよい。一つは『孟子・尽心上』の

「人之有徳慧術知者、恒存乎疢疾。独孤臣孽子、其操心也危、其慮患也深、故達」

ここの「達」は、朱熹により「達於事理」と解釈されている。もう一つはよく引用される、『孟子・告子下』の言葉である。

「故天将降大任於是人也、必先苦其心志、労其筋骨、餓其体膚、空乏其身、行拂乱其所為、所以動心忍性、曾益其所不能。人恒過、然後能改。困於心、衡於慮、而後作。征於色、発於声、而後喩。入則無法家拂士、出則無敵国外患者、国恒亡。然後知生於憂患而死於安楽也」(『孟子』)

この論述の前に、孟子が例として引用した「舜発於畎畝之中、傅説挙於版築之間、膠鬲挙於魚塩之中、管夷吾挙於士、孫叔敖挙於海、百里奚挙於市」は、『窮達以時』と第一類文献が用いた例に似ているが、孟子は「卑賤」から人を形成することから見ており、後者は「時不時」、「遇不遇」に立脚している。

孔子の「境遇」に対する異なる考えは、経験した挫折を様々な角度から何度も反省していることを映

している。実際に、孔子の学説と道理はかなりの程度において孔子の生活及び経験を写し出したものであり、これこそが古代哲学者と現代哲学者の異なる部分である。

三　道徳の「自主性」と「自己反省」

『窮達以時』の「天人有分」及び「天人之分」は荀子の前の儒家が明確に天と人を相対させる方法をもって提唱した天人関係論である。その内の「察天人之分、而知所行矣。有其人、無其世、雖賢弗行矣」の二つの「行」の字は、李学勤の解釈によると、一つ目は「傾向」、二つ目は「行道」を指す。[1]『荘子・大宗師』はこう言う。「知天之所為、知人之所為者、至矣！」。また荀子の自然と人の間の区別によると、一つ目の「行」は「為」と解釈しなければならず、「所行」はつまり「所為」ということである。『荀子・宥座』の「今有其人、不遇其時、雖賢、其能行乎？」の「行」の字の意味は二つ目の「行」の字と同じである。『韓詩外伝』七巻の「賢不肖者、材也。遇不遇者、時也。今無有時、賢安所用哉！」と、『説苑・雑言』の「有其才、不遇其時、雖才不用」において、「賢」、「遇」、「用」は相対応している。よって賢は「行」することができるか否かの「行」は、「任用」されるかどうかと解釈してもよい。世運と機会としての「天」と「賢」としての「人」というこの両者の違いや、上文にて集中して討論した「有徳」の「人」と「命」

1　李学勤『天人之分』、鄭万耕主編『中国伝統哲学新論』収録、北京・九洲図書出版社、1999年版、240―241ページ。

の「天」の違いは、『窮達以時』（第2類文献を含む）の「天人之分」の「分別」の在るところである。
実際に、『窮達以時』と第2類文献の「天人之分」（「天人有分」）の「分」は「為不為」の「人」と「遇不遇」、「時不時」の「天」（或いは「命」）の分を指している。これは第1類文献の『孔子家語・在厄』の「為之者人也、生死者命也」、『荀子・宥座』の「為不為者、人也。遇不遇者、時也。死生者、命也」、そして『説苑・雑言』の「為不為者、人也。遇不遇者、時也」などからはっきりと見て取れる。竹簡『語叢一』の「知天所為、知人所為」の「人所為」も一つの例である。
下文の『淮南子・繆称訓』の言葉は、「人為」と「天」の境界に対する具体的な説明である。

「人無能作也、有能為也。有能為也、而無能成也。人之為、天成之。終身為善、非天不行。終身為不善、非天不亡。故善否、我也。禍福、非我也。故君子順其在己者而已矣。性者、所受於天也。命者、所遭於時也。有其材、不遇其世、天也。太公何力、比幹何罪、循性而行指、或害或利。求之有道、得之在命。故君子能為善、而不能必其得福。不忍為非、而未能必免其禍」

もしも「賢不賢」、「徳不徳」の「人」が静態的な「人」であれば、「為不為」の「人」は動態的な「人」であろう。まさにこのような動態的な「為」の「人」と相対する天が向き合う「天人之分」が儒家の道徳追究に対する尊厳と崇高さを表している。この意味からすると、『窮達以時』という篇名を『天人有分』或いは『徳行一也』と命名するほうがより適切であろう。『窮達以時』は篇の多くの部分において人の「時遇」問題を論じている。作者は人の運命の捉えどころのなさを悲観するでもなく、また人生の夢の如し情調を語っているのでもない。作者が注目するのは、道徳主体としての人の、道徳選択に対する「自主性」である。『窮達以時』は、

「善否、己也。窮達以時、徳行一也。誉毀在傍、聴之弋之。……動非為達也、故窮而不（簡11）（怨、隱非）為名也、故莫之智而不吝。芷（蘭生於林中）、（簡12）（不為無人）嗅而不芳。璑璐瑾瑜包山石、不為（無人識而）（簡13）不理。窮達以時、幽明不再。故君子敦於反己（簡15）」

人は将来性のある存在として、自己の合理的及び正当的行為が良い結果になることを望んでいる。道徳と自我の完成を目標としている人からすると、やはり社会の肯定的評価や相応の福祉を得られることを希望している。いわゆる「好人好報」である。上述にあったように、儒家もこのような「徳命」、「徳位」或いは一般的に言われる「徳福」という統一された概念がある。善人が相応の報いを受けられない理由がどこにあろうか。さらには善人が厄災に遭うことなどあってよいのだろうか。[1] だが孔子とその信徒たちはそのために道徳の選択を放棄したりはしなかった。彼らは道徳自体を目的としていたのであり、

1 『窮達以時』の徳福関係に関しては、林啓屏氏『従古典到正典——中国古代儒学意識の形成』、台北・台大出版中心、2007年版、283—292ページ参照。

手段のために道徳事業を行っていたのではないからである。政治の参加に対して望みがないと感じた際には儒家も「陰」を選択することはある。しかしこの選択もやはり「独善其身」のためなのである。『窮達以時』の「動非為達也」、「隱非為名也」によると、行動や隠居はどれも非道徳的なその他の為によるものではない。『韓詩外伝』7巻、『説苑・雑言』、『荀子・宥座』がそれぞれ学者、君子を道徳主体とするならば、道徳の実践は当然そのような人にとっては天職なのである。『窮達以時』と第1類文献の記載によると、蘭芷がその芳香を放つのは「自主」、「自為」なのであり、香りを楽しむ人がいないからといって芳香を放たなくなることはない。これを例に人が道徳を追及する自主と自為を説明している。『窮達以時』はまた山中の玉石が、誰も発見する者がいなからといってその輝きを失うことがないことを用い説明している。孔子において道徳自体が目的なのであり、たとえ窮困しても怨むことなく、また自己の道徳自覚と意志を放棄することもないのである。これは『孔子家語・在厄』の「君子修道立徳、不為窮困而敗節」及び『窮達以時』の「徳行一也」、「敦於反己」から読み取ることができる。

陳蔡の厄の第2類文献の記載は、『窮達以時』や第1類文献の記載と差異はあったが、儒家の道徳自体を目的とすることや道徳の自主性においては一致していた。『荘子・譲王』と『呂氏春秋・慎人』における記載はほぼ同じで、人がどのような遭遇があろうとも、その道徳自覚と意志を保たなければならないという考えである。

「故内省而不窮於道、臨難而不失其徳。天寒既至、霜雪既降、吾是以知松柏之茂也。……古之得道者、窮亦楽、通亦楽。所楽非窮通也。道得於此、則窮通為寒暑風雨之序矣」

『呂氏春秋・慎人』の記載によると、

「故内省而不疚於道、臨難而不失其徳。大寒既至、霜雪既降、吾是以知松柏之茂也。……古之得道者、窮亦楽、達亦楽。所楽非窮達也、道得於此、則窮達一也、為寒暑風雨之序矣」

『風俗通義・窮通』（7巻）の記載もその旨は同様である。

「故内省不疚於道、臨難而不失其徳、大寒既至、霜雪既降、吾是以知松柏之茂也」[1]

ただ、第2類文献の記載の「窮達」概念は、政治機会を得るという通常の意味を超え、道徳領域において用いられた。これにより道徳及びその実践は純然自足の存在となった。そのため、たとえ「道徳」を目的とし、「窮達」を道徳の延長の合理的結果だとしても、善人と言えば良い報いを連想するように、「道

1 「君子隘窮而不失、労倦而不苟、臨患難而不忘細席之言。歳不寒無以知松柏、事不難無以知君子無日不在是」（『荀子・大略』）

徳」における「善」はいつも「窮達」におけるものを連想させてしまう。まさに帛書『要』の「君子徳行焉求福、故祭祀而寡也。仁義焉求吉、故卜筮而希也」という言葉の通りである。しかし、もしも道徳があるか否かだけでその人が窮、達できるかを判断すると、その人の道徳実践とその他期待を分けてしまうことになる。第３類文献は困難及び不幸の遭遇を自己の道徳人格を鍛錬あるいは試すことができる得難い機会であるとしており、これを自己の「功名」を成就させる条件であるともしている。まさに上述した『孔子家語・困誓』の「君不困不成王、烈士不困行不彰。庸知其非激憤厲志之始於是乎哉？」のように。これにより、人が遭う困難や厄運も積極的な意味へと転化されたのである。

『窮達以時』及びその陳蔡の厄に関する記載において表われた強烈な道徳主体及び道徳自主意識は、まさに儒家が儒家である本性なのである。春秋から戦国というこの歴史の過程の中で形成、展開された儒家は、その他の学派の特質と比べると個人から国家まで一貫させた全体性及び結合化した道徳理想主義である。孔子とその弟子及び継承者の孟子や荀子など、継続して個人の修身と個人の道徳は政治社会共同体の基礎であると考え、自身のいた時代を道徳という長期的計画のなかに導こうとしていた。しかし東周諸侯国家及び政治変遷の大波（国家の物質的利益、富み、競争、併呑の追求）には適応しなかった。孔子から孟子、孟子から荀子まで、彼らは政治への参加を試みたが、政治上でその期待した作用を発揮することはなかった。客観的な社会実情や、彼ら自身の道徳理想主義が原因である。儒家の道徳と倫理が理想化するほど、現実との間の溝は大きくなる。儒家が倫理信念と個人道徳を公共化すればするほど、現実世界との衝突は強くなる。しかし儒家にとっては、現実が自分たちの理想を受け入れること

ができないのは現実の問題であり、彼ら自身の問題ではない。顔淵は、

「夫子之道至大、故天下莫能容。雖然、夫子推而行之、不容何病、不容然後見君子！夫道之不修也、是吾丑也。夫道既已大修而不用、是有国者之丑也。不容何病、不容然後見君子」（『史記・孔子世家』）

「個人道徳」の優越感と「有国者之丑」の対比において、儒家は道徳理想と現実との衝突の焦りを超越したのである。孔子も時にどうすることもできず、[1]「乗桴浮於海」の想いを生じさせてしまうこともある。それでも儒家は自己の道徳信念と理想を守ることを続けた。これは儒家が根本的に人を一種の道徳的存在及び主体と見做し、道徳に対し人は自主的であると信じている。儒家信徒においては、或いは性善、或いは性悪と主張しているが、人の性を後天的な道徳選択の決定的要素だとは見做しておらず、人が生まれた後に道徳があるかどうかは、後天的な道徳自主選択によって決まるのである。儒家は環境に対しても道徳を決定する要素だとはしておらず、むしろ人の環境に対する自主性を強調しているのである。「窮達以時」はまさに人へ環境や条件、機会が及ぼす影響を超越することを要求している。儒家

1 「子曰。鳳鳥不至、河不出図、吾已矣乎」（『論語・子罕』）。『孔叢子・記問』の記載は更に具体的である。「天子布徳、将致太平、則麟、鳳、亀、龍先為之祥、今宗周将滅、天下無主、孰為来哉？遂泣曰、予之於人、猶麟之於獣也、麟出而死、吾道窮矣。乃歌曰。唐虞世兮、麟鳳游、今非其時来何求？麟兮麟兮我心憂」。

の道徳自主体と自覚はお互いの関連によって現れるのである。これに対し下文で全体的に総括をしてみよう。

第一、儒家は人とその他事物は異なり、人は一種の道徳性の存在であると考える。正しく身を持して世間の汚れに染まらない隠士の長沮は子路に「与其従辟人之士也、豈若従辟世之士哉?」(『論語・微子』)と言った。対して、孔子の回答は「鳥獣不可与同群!吾非斯人之徒与而誰与?」である。このような回答はまさに人と禽獣は異なり、人には使命があることを表している。孟子も「人之所以異禽獣幾希」と言い、人と禽獣が異なることを強調し、人は道徳自覚を高め、禽獣に落ちることを避けなければならないと考える。孟子にとって、人が人としての本性はその「道徳性」である。『五行』篇は、人とその他全ての物の異なる点は人の「好仁義」にあると考える。「循草木之性、則有生焉、而無好悪。循禽獣之性、則有好悪焉、而無礼義焉。循人之性、則巍然知其好仁義也」。これは性悪説を主張する荀子も持っている考えである。「水火有気而無生、草木有生而無知、禽獣有知而無義、人有気、有生、有知、亦且有義、故最為天下貴也」(『荀子・王制』)。

第二、儒家にとって、人は道徳の為に存在し生活している。人の本性が道徳性であるならば、道徳を追求し実践するのは人生の目的及び使命である。『孟子・尽心上』は言う

「其心者、知其性也。知其性、則知天矣。存其心、養其性、所以事天也。夭寿不貳、修身以俟之、所以立命也」

「広土衆民、君子欲之、所楽不存焉。中天下而立、定四海之民、君子楽之、所性不存焉。君子所性、雖大行不加焉、雖窮居不損焉、分定故也。君子所性、仁義礼智根於心、其生色也睟然、見於面、盎於背、施於四体、四体不言而喩」

儒家の「義利の辨」は単純に利益を否定しているのではなく、ただ道徳を最高の価値と目標にしているだけである。孔子が言った「君子喩於義」、「君子上達」、「君子謀道不謀食」は、君子を道徳に従事する人と定義し、小人を「喩於利」、「下達」の人と定義付けている。これは人の道徳性に対する評価を反映している。異なる地域の伝統社会は全体的に道徳を中心とする社会と言ってよく、儒家は中国伝統を代表する道徳中心主義である。伝統的な道徳中心主義は往々にして物質における清貧と克己に表される。中世ヨーロッパのキリスト教倫理伝統が人に清貧な生活を送ることを教えたように。儒家の顔淵は孔子に最も生活における清貧に耐え道徳信念を守ることができる人だと評価されていた。『荘子・譲王』に以下のような記載がある。

「孔子謂顔回曰。回、来!家貧居卑、胡不仕乎?顔回対曰。不願仕。回有郭外之田五十畝、足以給飦粥。郭内之田十畝、足以為絲麻。鼓琴足以自娯。所学夫子之道者足以自楽也。回不願仕。孔子愀然変容、曰。善哉、回之意!丘聞之、知足者、不以利自累也。審自得者、失之而不惧。行修於内者、無位而不怍。丘誦之久矣、今於回而後見之、是丘之得也」

これは『論語・雍也』が記載する孔子の顔回に対する評論と一致する。「子曰。賢哉、回也！一箪食、一瓢飲、在陋巷、人不堪其憂、回也不改其楽。賢哉、回也」。同様に、『窮達以時』の考えによると、人は道徳の為に行動するのであり、その他の物の為ではない（「動非為達也」）、よってその人が窮であれ達であれ、終始その道徳使命を放棄することはない（「窮達以時、徳行一也」）。

第三、儒家は人の道徳意志と道徳自主を信じている。道徳の実践には道徳意志と道徳選択が必要となり、道徳を最高の価値及び信念とするならば、自主的に道徳を履行するはずである。儒家が人を道徳主義とし、道徳を人生の目的とするならば、当然のように道徳の実践はその人自身により決められるのである。孔子が言った「為仁由己、由乎人哉」（『論語・顔淵』）、「人能弘道、非道弘人」（『論語・衛霊公』）、「仁遠乎哉？我欲仁、斯仁至矣」（『論語・述而』）、「三軍可奪帥也、匹夫不可奪志也」（『論語・子罕』）などはこの点を良く説明している。荀子は性善説を唱えながらも、同時に人と自然の異なる点は人の道徳能動性であると考え、人は自分自身で学習と修養により自己の道徳を成就することができると考えている。『荀子・天論』はこう言う。

「楚王後車千乗、非知也。君子啜菽飲水、非愚也。是節然也。若夫（心）（志）意修、徳行厚、知慮明、生於今而志乎古、則是其在我者也。故君子敬其在己者、而不慕其在天者。小人錯其在己者、而慕其在天者。君子敬其在己者而不慕其在天者、是以日進也。小人錯其在己者而慕其在天者、是以日退也。故君子之所以日進、与小人之所以日退、一也。君子小人之所以相懸者在此耳！」

第四、儒家は強い道徳自我反省意識を持っている。いわゆる「反求諸己」である。道徳評価において、人の一般心理傾向は自己に寛大で他人に求める傾向があるが、これに対し、儒家は己を律し、人に寛大であることを主張する。儒家が提唱した道徳自我反省は、道徳主体と道徳自覚を基礎として、人が自己の言行に対して道徳における検査を行うことを要求する。これは一方で道徳において吾が身を以て範を示すことを表す。まず己を正すのであり、人を正すのではない。もう一方では自己の道徳上の欠陥を探し、自己を絶えず改善するのである。例え自己が人に知られず或いは他人の肯定的評価を得られなくても、他人を責めず、引き続き自分がどうすればいいかを探すのである。孔子が言う「不怨天、不尤人」(『論語・憲問』)は、自我の反省と結び付けられている。孔子の考えによると、人が真に憂うべきは如何にして自己を完成させるかであり、他人が自己を知らないことを憂うのではない。この点において荀子の考えは孔子と一致する。『荀子・栄辱』は、「自知者不怨人、知命者不怨天、怨人者窮、怨天者無志。失之己、反之人、豈不迂乎哉！」と言う。『窮達以時』の言い方では「君子敦於反己」である。「反己」、「反求諸己」は儒家道徳自主と倫理示範の重要な表現である。

最後に簡単にまとめると、一、異なる文献の記載により、孔子の陳蔡の境遇に対する考えは異なる。『窮達以時』の「境遇観」はいくつかの記載における考えと類似しているだけである。二、『窮達以時』とその他文献の記載が等しく顕彰しているのは孔子及び儒家の道徳主体意識と道徳自主立場である。

あとがき

出土文献と儒家思想の世界は、非常に幅広い領域で論議をすることができます。この著作は私のこの領域に対する研究の一部分です。今回日本語に翻訳をしていただき非常に嬉しく、このような形で日本学会と交流する機会を得ることができ、皆さんに興味を持っていただけることを非常に楽しみにしています。

北京・中国人民大学出版社、東京・グローバル科学文化出版（株）の協力を得て本書を出版することができました。ここに感謝申し上げます。

またこの本の出版過程で劉葉華さん、王婉瑩さんに協力をいただき、鈴木理史さんに翻訳をしていただきました。改めて感謝申し上げます。

２０１９年１月26日

王　中江

著者紹介

王　中江（オウ・チュウコウ）哲学博士。北京大学哲学部教授。中華孔子学会会長。北京大学哲学博士課程修了。河南省社会科学院哲学研究所研究員、同所長、中国社会科学院歴史研究所研究員、清華大学人文社会科学学院教授を経て現職。著書に『道家学説的観念史研究』、『出土文献与道家新知』（以上、中華書局）など多数。

心性 美徳 境遇

出土文献と初期儒家の新知見　　**定価 2980 円＋税**

発　行　日　2019 年 4 月 20 日　初版第 1 刷発行
著　　　者　王中江
訳　　　者　鈴木理史
監訳・発行者　劉偉
発　行　所　グローバル科学文化出版株式会社
〒 140-0001 東京都品川区北品川 1-9-7 トップルーム品川 1015 号
印刷・製本　株式会社シナノ

ISBN 978-4-86516-048-2　C0022

※本書は、中華社会科学基金（Chinese Fund for the Humanities and Social Sciences）の助成を受けて出版されたものである。